MANUAL DE TÉCNICAS SISTÉMICAS PARA EL DESARROLLO DE HABILIDADES DE INNOVACIÓN EN EL INDIVIDUO DE LA MICRO Y PEQUEÑA EMPRESA EN MÉXICO

MANUAL DE TÉCNICAS SISTÉMICAS PARA EL DESARROLLO DE HABILIDADES DE INNOVACIÓN EN EL INDIVIDUO DE LA MICRO Y PEQUEÑA EMPRESA EN MÉXICO

Ana Lilia Valderrama Santibáñez
Omar Neme Castillo
Laura Angélica Oviedo Arce
Jonathan Ortega Alvarado

Número de Control de la Biblioteca del Congreso de EE. UU.:   2015919723
ISBN: Tapa Dura   978-1-5065-0792-7
                     Tapa Blanda   978-1-5065-0791-0
                     Libro Electrónico   978-1-5065-0790-3

Las opiniones expresadas en este trabajo son exclusivas del autor y no reflejan necesariamente las opiniones del editor. La editorial se exime de cualquier responsabilidad derivada de las mismas.

Información de la imprenta disponible en la última página.

Fecha de revisión: 10/12/2015

Para realizar pedidos de este libro, contacte con:
Palibrio
1663 Liberty Drive
Suite 200
Bloomington, IN 47403
Gratis desde EE. UU. al 877.407.5847
Gratis desde México al 01.800.288.2243
Gratis desde España al 900.866.949
Desde otro país al +1.812.671.9757
Fax: 01.812.355.1576
ventas@palibrio.com
713694

ÍNDICE

PARTE 2

INTRODUCCIÓN

Este documento es un producto derivado de la investigación denominada "Desarrol lo de Habilidades Humanas y de Innovación en las MIPES en México: El individuo innovador", proyecto financiado por el Fondo Nacional de Innovación (FINNOVA). En este proyecto concurren Secretaría de Economía (SE), el Consejo Nacional de Ciencia y Tecnología (CONACYT) y el Instituto Politécnico Nacional (IPN) con el objetivo de contribuir al ecosistema de innovación a través del diseño e implementación de una metodología que genere conocimiento, mejore el capital humano y desarrolle bases de la innovación empresarial, mediante la adaptación de conocimientos de una visión sistémica que permita a micro y pequeños empresarios y sus trabajadores aplicar y difundir el conocimiento tácito que impulse una orientación estratégica en la innovación.

Ante los datos que muestran una realidad complicada para la micro y pequeña empresa donde la tasa de mortalidad es muy alta, la inquietud surgió al cuestionar las razones por las que existe tanta mortandad en las MIPES. En realidad se parte de la pregunta ¿qué hacen o que recursos tienen las que se mantienen?

El proyecto involucró varias partes, primero una revisión de literatura general de la innovación y sobre las características de aquellas personas que son consideradas como innovadoras, se investigaron trabajos de economistas, administradores, psicólogos, antropólogos, sociólogos, ingenieros, etc. Esta revisión permitió diseñar un instrumento para medir el grado de desarrollo de las habilidades del individuo para la innovación.

El objetivo del proyecto es doble. Por un lado, se buscó determinar el grado de desarrollo de un conjunto de habilidades de innovación de los individuos en las MIPES mexicanas, mediante el instrumento de medición diseñado para ello. Este instrumento se denominó Índice General de Habilidades de Innovación del Individuo (IGHII). Por otro lado, con las entrevistas se pretendió acercarse a estas personas para conocer su realidad y opiniones respecto a las variables que determinan el proceso de innovación. A partir de lo anterior fue posible identificar debilidades y fortalezas del individuo innovador en las micro y pequeñas empresas en nuestro país.

Finalmente, a partir de las características detectadas en el diagnóstico, fue posible adecuar a las necesidades específicas de micro y pequeñas empresas una serie de actividades que propician el desarrollo de las dimensiones del cuadrante de innovación que se divide en cuatro bloques de habilidades: de creatividad, emocionales, de organización y de ejecución y mejora. Esto permitió la elaboración de un manual e implementación de un taller con técnicas sistémicas para desarrollar habilidades humanas y de innovación particularmente en las personas que trabajan en alguna micro o pequeña empresa.

Al respecto, ¿Por qué enfocarnos en el individuo? Hace algunas décadas el interés por el desarrollo de las empresas se orientó no sólo en aspectos administrativos, sino que ya se hablaba de la inteligencia emocional que según, Cooper (1997), es la fuente primaria de la energía humana. Las empresas están formadas por personas y éstas emplean sus recursos en el momento de participar en las organizaciones, dotándolas de vida y de dinámicas únicas en diferentes aspectos que les permiten evolucionar en el mercado o mercados en los que participan.

Muchas de estas micro y pequeñas empresas nacen cuando un integrante de alguna familia se encuentra desempleado o atraviesa por una situación de cambio no planeado – destrucción creadora en términos de Schumpeteer (1976)–, y este inicio, que es indefinido, sin capacitación y tal vez con poca tecnología, implica un gran sentido de compromiso, sueños y responsabilidades. Estas cualidades también forman parte del individuo que se ha estudiado en este proyecto y que es la fuente principal de la que emana la innovación. El individuo, es entendido como capital humano integral, lleno de compromiso, con múltiples recursos, sueños, y emociones, con alta responsabilidad de crecer y desarrollars e como empresario, colaborador o socio y que, incluso, en algunos casos cuenta con una gran voluntad de trascender.

A partir de estas generalidades, el manual tiene como objetivo proporcionar al micro y pequeño empresario y sus colaboradores, las bases sobre el concepto de innovación, de todos los recursos disponibles en la empresa para generar habilidades humanas y de innovación y cómo desarrollarlas. Conforme el individuo desarrolle las habilidades agrupadas en las cuatro dimensiones citadas, las capacidades de innovación de la empresa se potencializan y, en consecuencia, las opciones para enfrentar exitosamente oportunidades y amenazas desde el entorno a través de procesos innovadores.

Este manual se basa en tres pilares fundamentales, a saber: son el proceso de innovación desde un enfoque en el que el individuo es el eje central de ésta, en un contexto donde la empresa soporta estas actividades a partir de determinadas estrategias –entendido como el círculo de la innovación–, la teoría general de sistemas en el entorno empresarial y las habilidades humanas para la innovación.

El manual está dividido en dos partes. La primera ofrece un fundamento teórico de los diferentes tipos de competencias que permiten al individuo mejorar sus habilidades y, en consecuencia, su desempeño innovador. La segunda parte, muestra una guía de trabajo para desarrollar habilidades de innovación, ya sea en grupo o de forma individual. Este apartado se divide en cuatro bloques de actividades para desarrollar habilidades de innovación; creatividad, emocional, organización y ejecución y mejora. Practicar las actividades en esta guía lleva, sin duda, a que el individuo en conjunto modifique actitudes y motivaciones, nutra el conocimiento para el proceso de innovación, incremente el capital intangible y eventualmente los resultados de la empresa puedan mejorar. Por tanto, este manual se convierte en una herramienta vital para la innovación de la micro y pequeña empresa en nuestro país.

Agradecemos el apoyo de nuestros aliados clave, el Centro Ericksoniano de México A.C. y el Instituto de Estudios de Posgrado en Ciencias y Humanidades, quienes brindaron valiosas opiniones en la elaboración de este manual y la difusión del contenido del mismo.

PARTE 1

Tradicionalmente, en economía se dice que la producción y el crecimiento dependen de la cantidad y calidad de los factores de producción; tierra, trabajo y capital. En la tierra se engloba el lugar físico donde se establece el negocio; como capital se entienden todos aquellos recursos físicos y económicos necesarios para la actividad y, en trabajo simplemente se incluyen las horas trabajadas sin considerar las características de éste.

Adicional a esta simplificación se utiliza el tradicional concepto *Ceteris Paribus* que supone que todas las circunstancias que pudieran afectar las decisiones de la empresa permanecen constantes. Nada más alejado de la realidad, en la que no puede explicarse un fenómeno personal o empresarial sin reconocer que existen recursos que, como capital humano, están incluidos en la idea tradicional de trabajo; además de las múltiples circunstancias de contexto que afectan las decisiones económicas individuales o sociales.

La teoría del capital humano (TCH) sostiene que el conocimiento proporciona a los individuos mejoras en sus capacidades cognitivas, lo que lleva a la actividad que desarrolla a más potencial de productividad. La TCH indica que si existen oportunidades para innovar, las personas con el capital humano de mayor calidad deberían estar más habilitados para percibirlas. Las variables proxy de capital humano más utilizadas son normalmente los niveles de educación, la experiencia y las habilidades que aumentan la acumulación de conocimientos y visión para los negocios.

Ante el uso de estas variables, la TCH se ha vinculado al emprendurismo y, de acuerdo con Markman y Baron (2003), el capital humano de los emprendedores se asocia positivamente con la creación de nuevas empresas descubrimiento empresarial y explotación, supervivencia de las empresas, percepciones de crecimiento, crecimiento del empleo, y la capacidad de atraer y retener clientes y aliados estratégicos.

Davidsson y Honig (2003) y Shane y Benkataraman, (2000) han probado el papel significativo de dos dimensiones del capital humano en el proceso empresarial: el conocimiento y la experiencia. Adicionalmente, Miller (1996) indica que los individuos difieren en gran medida en su capacidad para captar, reconocer y hacer uso eficaz de la información -abstracta e implícita- y el cambio.

En este punto, dadas las características únicas de conocimiento, habilidades, actitudes y motivaciones en cada persona que participa en el mundo empresarial, no es posible considerar que todo el proceso de innovación dependa del capital físico, económico o ubicación del negocio. Hay mucho capital intangible en medio del proceso de innovar que requiere ser fomentado para mejorar las competencias de dueños y trabajadores de micro y pequeñas empresas. De este modo, el capítulo busca describir los aspectos generales de la innovación y su vínculo con las personas que participan en las organizaciones.

1

ASPECTOS GENERALES DE LA INNOVACIÓN

1.1. ¿Qué es la innovación?

En términos generales, la innovación se entiende como un proceso creativo y complejo –no lineal–, esencial para las organizaciones y para la economía en conjunto. La definición tradicional de innovación generalmente se refiere a la introducción de un bien o servicio nuevo u original. Este proceso, según Schumpeter (1976), puede relacionarse con la creación de un nuevo producto, la utilización de un nuevo proceso en la producción o la introducción de un nuevo método organizacional o comercial.[1]

---

[1] Para Schumpter (1976) la innovación puede presentarse en cinco vías posibles: *i*) introducción en el mercado de un nuevo bien o servicio, al cual aún no están familiarizados los consumidores; *ii*) introducción de un nuevo método de producción o metodología organizativa; *iii*) creación de una nueva fuente de suministro de materia prima o productos semielaborados; *iv*) apertura de un nuevo mercado en un país; y, *v*) implantación de una nueva estructura en un mercado.

El término innovación, de acuerdo con el Manual de Oslo de la OCDE (2005) es "la introducción de un producto (bien o servicio) o de un proceso, nuevo o significativamente mejorado, o la introducción de un método de comercialización o de organización nuevo aplicado a las prácticas de negocio, a la organización del trabajo o a las relaciones externas".

Además, de acuerdo con Yrigoyen (2013), la innovación puede ser de varios tipos como las de producto, proceso, mercadotecnia y mercado, que son parte del mismo fenómeno complejo y que pueden ocurrir de forma simultánea dadas las conexiones entre ellos, por lo que considera a este proceso como multidimensional.

En pocas palabras, se acepta que se asocia con algo nuevo, mejorado o cambiado (McLaughlin y Caraballo, 2012). Para Spence (1995), las innovaciones pueden ser ideas, productos o servicios establecidos que implican una nueva aplicación y, en consecuencia, pueden considerarse como nuevas. Sin embargo, dada la ambigüedad referente al grado de "algo nuevo",[2] la OCDE (2005), establece como el requisito mínimo para considera una innovación como tal, que el producto, proceso, método comercial o método organizativo sea nuevo para la empresa. Por tanto, sin importar el grado de complejidad, cuando una empresa crea algo nuevo desde su interior o lo adapta por primera vez desde fuera de ella, la empresa estaría innovando.

Al respecto, partiendo de la definición de innovación de la Ley de Ciencia y Tecnología (LCyT)[3] se observa que también incluye

---

[2]   Un bien, servicio o proceso nuevo puede serlo para el mundo, para un país, para una región, para un sector o actividad económica, para una empresa o para una persona, aun cuando su adaptación e implementación se haya generalizado.

[3]   Ley de Ciencia y Tecnología en el Art. 4, f IX. define a la innovación como "Generar un nuevo producto, diseño, proceso, servicio, método u organización o añadir valor a los existentes".

elementos vinculados a incrementar valor en los productos, diseños, procesos, servicios, métodos u organizaciones o a generar algo nuevo. En este sentido, las respuestas de los entrevistados están centradas básicamente en la innovación en diseño, servicios y marketing, dejando de lado la innovación en productos, procesos productivos u organizacionales.

En el caso de las MIPES mexicanas, siguiendo los resultados del diagnóstico elaborado como parte de este proyecto, más del 50% de los entrevistados asocia el concepto de innovación con algo nuevo, una mejora o cambio. Además, el 10% de éstos identificó el elemento creativo con la innovación en el 10% de los entrevistados; mientras que no mencionan específicamente una fase de emprendimiento.

De acuerdo con las entrevistas, el concepto de innovación para micro y pequeñas empresas requiere de la observación sistemática de la conducta del cliente para determinar qué se debe eliminar, reducir, crear o incrementar en bienes o servicios. Las respuestas de micro y pequeños empresarios y sus colaboradores están centradas básicamente en la innovación en diseño, servicios y marketing y, en menor medida, en bienes, procesos u organizacionales.

Para Silva (2013) innovar no significa desarrollar algo sofisticado y con alta tecnología; para ello sólo se requieren la curiosidad y la observación sistemática de la conducta del consumidor para determinar qué se debe eliminar, reducir, crear o incrementar en productos o servicios, tal que generen mayor satisfacción del cliente, para que esté dispuesto a pagar por ello o expresar fidelidad. En la literatura se reconoce que los innovadores son receptivos a las necesidades de los clientes, a la actividad de los competidores, a las propuestas de los proveedores y, en alguna medida, incorporan tecnología externa y aplican ideas observadas en otros contextos.

Lo anterior nos lleva a la idea que la innovación para las MIPES mexicanas se centra en algo nuevo para la empresa y los clientes; dejando de lado la novedad a nivel nacional o sectorial. La innovación para las micro y pequeñas empresas es incremental o de mejoras o adaptaciones y está circunscrita básicamente a su negocio y mercado local. Muestran dominio por innovación en mercadotecnia y a veces en procesos administrativos implementando nuevas tecnologías de la información.

1.2. ¿Para qué, quién, con qué y cómo innovar?

Freemann y Soete (1997) consideran que la innovación es una condición esencial para el progreso económico en sentido amplio, pero también establecen que desde un enfoque más fundamental permite al ser humano hacer cosas que nunca había realizado antes , cambiando la calidad de vida.

Por ende, la innovación es necesaria para que las empresas y su personal crezcan, se desarrollen y subsistan en el mercado, esto es, se adapten lo mejor posible al cambio. Al respecto, si las empresas quieren innovar deben reconocer el valor de todos los miembros en su interior como generadores de ideas creativas. Wei y Lou (2005) señalan que las competencias de la organización vitales para la innovación están incorporadas en las personas, lo que incluye conocimiento, experiencias y habilidades que son difíciles de imitar por otras empresas porque este conocimiento implícito es el ingrediente clave del proceso de innovación.

Como se señaló, el concepto de innovación implica un cambio que introduce alguna novedad. Cuando una empresa innova significa que algún miembro en su interior aplica nuevas ideas, bienes, conceptos, servicios y prácticas a un cierto aspecto, actividad o negocio, con la intención de obtener un beneficio. En este proceso, se puede decir que la socialización al interior de las empresas es vital al contribuir a un contexto adecuado para la motivación, compromiso, aprendizaje, articulación y difusión del conocimiento para su aplicación en bienes, procesos, servicios nuevos (Pérez, 2007). Así, con la interacción entre individuos, se propicia la realimentación necesaria para generar posibles innovaciones.

Desde esta perspectiva, la innovación es generada por el individuo e impulsada por las organizaciones. De acuerdo con Van de Ven (1986), Amabile (1988) y King (1990) el fundamento de la innovación son las ideas y, dado que las personas crean, desarrollan, reaccionan y modifican las ideas, el bloque generador básico de la innovación es el individuo. Por ende, la innovación debe ser vista como un proceso de aprendizaje continuo, donde los conocimientos tácitos se encuentran en las personas y equipos de trabajo de la empresa. De acuerdo con Scott y Bruce (1994) la innovación comienza con el reconocimiento del problema y la generación de ideas o soluciones, nuevas o adoptadas. Como corolario de este enfoque, si se fortalecen las habilidades de innovación del individuo, se incentiva en consecuencia el proceso de innovación empresarial.

Así, para innovar en la empresa se requieren individuos con iniciativa, imaginación y pasión, empáticos, activos, enfocados, perseverantes, comprometidos, diligentes, con co nocimiento del mercado –cercano– y del área pertinente, capaces de planificar, en una palabra con características de líder (Drucker, 1998). Se necesitan individuos innovadores que creen ideas pero también que sean capaces de implementar esas ideas en el lugar de trabajo (Hammond *et al.,* 2011).

En términos generales, puede decirse que el proceso de innovación consta de tres etapas. Primero, el individuo crea, genera o adapta ideas nuevas. Esto es, se inicia con una etapa de creatividad en la que se identifica la tarea o problema y se "resuelve" con enfoqu es alternativos (Patterson, 2008).

Segundo, el individuo busca apoyo o patrocinio de éstas, así como la construcción de una coalición de compañeros seguidores de las ideas. Tercero, el individuo innovador aterriza las ideas produciendo "prototipos" o modelos de la innovación tal que puedan experimentarse, entenderse, difundirse, y producirse formalmente para lanzarse al mercado (Kanter, 1988). Se estaría entonces en la etapa de implementación en la que las distintas alternativas se evalúan respecto al contexto situacional y las opciones seleccionadas se implementan.

Farr *et al.* (2003) describen el proceso de innovación en dos etapas fundamentales: creatividad e implementación, en las que la planeación y acción son los elementos relevantes. La etapa de creatividad incluye la interpretación e identificación del problema –planeación–y, después se generan o construyen las ideas o soluciones alternativas –acción–. En la etapa de implementación, se evalúan y seleccionan las ideas viables –planeación–, para pasar a la implementación y aplicación en el trabajo de las soluciones elegidas –acción.

En consecuencia, la innovación es un proceso que comprende diferentes actividades, comportamientos, habilidades, conocimientos y actitudes en cada etapa que recaen en el individuo. Además, distintos áreas, trabajos y factores ambientales, internos y externos, juegan un papel a través de estas dos etapas del proceso de innovación (Farr *et al.*, 2003). No obstante, como se caracteriza por ser un proceso discontinuo, la innovación se genera a partir de diferentes individuos o combinaciones de ellos, por lo que la socialización y confianza de los involucrados es vital para el éxito de la misma.

No obstante, no todas las ideas se convierten en procesos, bienes o servicios, esto es, no completan la etapa de implementación (Isaksen y Tidd, 2006). De acuerdo con Drucker (1988), solo las ideas relevantes en el tiempo, afines con la necesidad del mercado y con el propósito de la organización son viables de atravesar por todo el proceso de innovación. Además, las personas deben saber discriminar entre ideas viables para la innovación. Para todo ello, se requieren individuos con cuatro tipos de habilidades. Además de las asociadas con la creatividad, necesitan desarrollar la: inteligencia emocional, organizacional, de interacción, y de implementación (Sultana y Rahman, 2012). Estos elementos se interrelacionan y sustentan entre sí para fomentar la innovación desde el individuo.

Las habilidades emocionales contribuyen a crear confianza, valorar situaciones –errores, riesgos e incertidumbre–, y lograr que los colaboradores en las empresas se comprometan hacia la meta. Las habilidades de organización permiten fijar metas, principios, y políticas que guíen las innovaciones, para desarrollar una cultura innovadora. Las habilidades de interacción favorecen la socialización con colaboradores, dueños, compañeros, clientes y proveedores estableciéndose una realimentación favorable para la innovación. Por último, las habilidades de implementación son la base para la acción y verificación.

Por otro lado, para Corma (2011), las empresas pueden tratar de gestionar la innovación aplicando sistemas sofisticados pero, en última instancia, se reconoce la importancia del individuo operativo y de los grupos de trabajo. Es muy difícil que una organización reúna todas las características psicológicas, los comportamientos adecuados y las técnicas necesarias para establecer un proceso innovador continuo y exitoso. Por ende, se requieren individuos, cuanto más mejor, con el tipo de habilidades arriba señaladas.

La lección es que las MIPES necesitan del individuo innovador, sin el cual el proceso innovador se interrumpe o es insostenible, afectando la permanencia en el mercado o el crecimiento de este tipo de empresas. De esta manera, como señala Corma (2011), se cierra el círculo de la innovación: innovador, proceso innovador y organización que lo sostenga. Con poca frecuencia se da el caso que el innovador trabaje solo, lo habitual es que lo haga en equipo al interior de una organización.

Por ende, para innovar se requieren de diferentes tipos de competencias complementarias entre sí Csikszentmihalyi (1998). En particular, siguiendo a Corma (2011) considera tres grandes grupos:

Competencias psicológicas

1. Humildad, aunque se sienta muy orgulloso de sus realizaciones, debe tener la creencia y seguridad personal de ser innovador.
2. Amplio espectro de inteligencias múltiples, más allá del IQ – asociado exclusivamente a la inteligencia lógico-matemática-; Ponti y Ferrás (2008) identifican:

   i) inteligencia lingüística, lenguaje hablado y escrito; capacidad para aprender idiomas y utilizar el lenguaje de forma efectiva;

   ii) inteligencia lógico-matemática, es el análisis lógico de problemas y trabajo con números y símbolos de tipo lógico y matemático;

   iii) inteligencia musical, capacidad para comprender e interpretar pautas de tipo musical, comprender y crear música, entender los ritmos y los tonos;

   iv) inteligencia espacial, reconocer y manipular pautas en espacios grandes y reducidos (jugar con el espacio);

   v) inteligencia cinético-corporal, uso del cuerpo o de una parte del mismo como instrumento de trabajo;

   vi) inteligencia intrapersonal, capacidad de comprenderse a sí mismo, controlar las emociones, tener capacidad introspectiva y utilizarla para regular la propia conducta;

   vii) inteligencia interpersonal, comprender a los otros, sus emociones, intenciones y deseos, permitiendo trabajar con otras personas de forma eficaz;

   viii) inteligencia naturalística, capacidad para interactuar en el medio natural;

ix) existencial, relacionada con valores personales y su proyección en la construcci ón de una vida feliz y con sentido.[4]

3. Introspección o capacidad de pensar en profundidad y meditar de forma pausada y tranquila sobre las cosas, esto es, conseguir cosas que toman tiempo y esfuerzo;

4. Auto motivación elevada, incluso trabajo convulsivo para lograr lo que se busca, fanatismo por el propio trabajo y descubrimiento, la ilusión continua que se está consiguiendo algo nuevo, visión positiva que sobrepasa los errores o tropiezos habituales;

5. Curiosidad mental que aleja de la rutina tediosa, que empuja a la búsqueda de soluciones alternativas a pesar de los probables errores;

6. Pensamiento lógico combinado con pensamiento lateral, las personas son laterales cuando no recurren a la lógica y dan un salto radical o de discontinuidad que rompe las reglas del pensamiento convencional o preestablecido; sin embargo, se requiere síntesis entre ambos puesto que el objetivo es la practicidad;

7. Intuición y razón, la primera es una combinación ordenada de toda la información desordenada que poseemos sobre la multitud de hechos (experiencia).

Comportamientos

1. Formular problemas y concretar focos creativos; la definición del problema es la base para resolverlo, al permitir pasar de los efectos a las causas y, de ahí, a los focos creativos de resolución;

---

[4] Para estos autores no hay ninguna inteligencia superior a las otras, y una persona es creativa cuando es capaz de encontrar la forma de expresar sus inteligencias predominantes. Lo que implica, por ejemplo, que una persona con una gran inteligencia cinético-corporal pueda trabajar de forma provechosa en un entorno lógico -matemático estricto.

2. Búsqueda constante de ideas, para resolver problemas existentes o para desarrollar nuevas ideas, significa que tiene curiosidad positiva y capacidad de generar ideas de forma constante;

3. Comportamiento transgresor, puesto que innovar supone decir, querer, saber y poder ir más allá de los convencionalismos marcados por la realidad y las circunstancias. No conformarse con que las cosas sean siempre igual, se deben mejorar, cambiar, modificar, actualizar, etc.;

4. Actitud aventurera, mostrando cierto riesgo creativo, probando cosas nuevas, haciendo del concepto "ensayo y error" una constante, donde el miedo por fallar no colapse las nuevas posibilidades del proceso innovador;

5. Normalmente todo lo anterior se realiza en equipo o con compañeros de trabajo sin importar jerarquías, por lo que se requiere un comportamiento de liderazgo resonante, es decir, de capacidad de contagiar determinados valores a las personas que se lidera, dirige o coordina.[5]

Técnicas

Junto a las características psicológicas y del comportamiento, se requiere de un método, de ahí que el innovador deba conocer metodologías creativas y sistemas para gestionar el proceso innovador. Las técnicas – que pueden aprenderse- ayudan a generar más y depurar las ideas ya que aceleran el proceso de pensamiento lateral y estructuran la gran cantidad de información que maneja el innovador.

De acuerdo con Ponti y Ferrás (2006) la realidad actual se centra en la tercer categoría d e habilidades, es decir, se la una innovación a partir de la consideración y aplicación de técnicas de creatividad y de metodologías de procesos de innovación. Por ende, una persona

---

[5] La cooperación, sinergia y entusiasmo por el trabajo son características del líder resonante y, en este caso, cualidades del comportamiento del innovador.

será más innovadora cuanto más trabaje y desarrolle los tres tipos de habilidades, para que, según sea la situación específica, emplee o siga alguna de esas competencias.

En contraste, algunos estudios resumen tres tendencias de comportamiento en el individuo que limitan la innovación (Marshall y Whiten, 2008; Price *et al.*, 2013; Hopper *et al.*, 2011; Hanus *et al.*, 2011): conservador, conformista y fijación funcional.[6] El hecho que la innovación tenga un fundamento evolutivo implica, en general, cierto grado de contradicción con la psicología humana, por lo que para que los individuos sean más propensos a innovar tiene que realizar mayores esfuerzos. El ser humano se siente más seguros en condiciones conocidas por lo que es reacio a explorar y experimentar, prefiriendo hacer las cosas como siempre se han hecho y está poco dispuesto a buscar nuevas soluciones o a aceptarlas así como a adoptar nuevas ideas o tecnologías incluso cuando puede obtener un beneficio de ello (Brosnan, 2013).

A partir de lo anterior, Brosnan (2013) sugiere que la innovación, como proceso que surge desde el individuo, es más propensa a presentarse cuando; i) no exista otra opción; ii) cuando el castigo o penalización por conductas conservadoras o conformistas sea demasiado alta – pérdida de la posible innovación más una posible pérdida de clientes -; iii) en la estructura jerárquica, se es subordinado, pues representa menores costos y mayores incentivos a la innovación.

---

[6] El término conservador se refiere a que el individuo tiene inclinación hacia la continuidad de las condiciones actuales. La noción de conformista se asocia con la actitud en la que la persona se adapta con excesiva facilidad o comodidad a cualquier situación sin intentar cambiarla. La fijación funcional se refiere a un sesgo cognitivo en el que una persona es incapaz de pensar en usos alternativos y creativos de un objeto o conceptos más allá del uso para el que fue diseñado o en la forma en la que tradicionalmente se emplea. Cuando una persona piensa únicamente en términos de la funcionalidad del objeto o concepto presenta una fijación funcional.

En consecuencia, se asume que un individuo es más proclive a innovar en la medida que las habilidades que definen al innovador se desarrollen, fomentando comportamientos, pensamientos, actitudes, emociones y conocimientos favorables hacia ese proceso.

Finalmente, cabe destacar la relación entre invención,[7] innovación y espíritu empresarial – emprendurismo–, ya que implica que creativos, innovadores y emprendedores convivan en el proceso de innovación. Dado que las características que perfilan a estos tipos de personas, pueden estar incorporadas en un solo individuo o en varias personas, en distintos grados, la cooperación resulta esencial para las MIPES. En general, del individuo creativo surgen nuevas ideas, enfoques, conceptos, etc. El innovador, por su parte, tiene la capacidad de visualizar las aplicaciones prácticas. Mientras que el emprendedor es capaz de poner en marcha, llevar al mercado esas ideas. En general, se acepta que el creativo no conside ra el riesgo o incertidumbre para la toma de decisiones. Para el innovador, si bien son un factor, no les rehúye en sus acciones; mientras que el emprendedor es el que enfrenta al riesgo e incertidumbre. De acuerdo con Swoyambhu (2012), el emprendedor innova y cambia las cosas para satisfacer la demanda cambiante de los clientes y actúa como agente de cambio.

Schumpeter (1976) sugiere que la decisión del emprendedor de comercializar una idea o invención es el paso decisivo y define al emprendedor como innovador. Para Freemann y Soete (1997) el éxito empresarial es la capacidad de vincular las posibilidades técnicas y de mercado de estas ideas, bienes o servicios novedosos, lo que significa

---

[7]   Freemann y Soete (1997) señalan que la invención es un bosquejo o modelo de un nuevo y mejora do mecanismo, producto, proceso o sistema, a partir de la creatividad.

que la innovación es un proceso de "acoplamiento" que inicia en las mentes de las personas creativas.[8]

Por lo anterior, la innovación se relaciona estrechamente con el emprendimiento. Tradicionalmente, el término se ha empleado para identificar a quien comienza una empresa o abre un negocio (Castillo, 1999; González *et al.*, 2010). No obstante, Formichella (2004) considera que se relaciona con cualquier persona que decida llevar a la acción o implementar cualquier tipo de proyecto.

El emprendimiento se entiende como el acto de tomar iniciativa, comprometerse, guiar, diligenciar, organizar, esforzarse y lograr, para realizar funciones específicas relacionadas con actividades productivas, con la inversión y con la innovación. Para Drucker (2002), la innovación es la función específica del emprendimiento, ya sea en una empresa existente, institución pública, o en una nueva empresa. Es el medio por el cual el emprendedor crea nuevos recursos generadores de riqueza o dota a los recursos existentes con potencial ampliado para crear riqueza. Una persona con actitud emprendedora genera nuevos negocios, el crecimiento de unidades empresariales y activa el capital humano (Moncayo, 2008; Vera y Mora, 2011; Shane *et al.*, 2003; Aktouf, 2009).

En este sentido, Drucker (2002) señala que existe confusión respecto a la definición de emprendurismo. Para algunos, el término se asocia con pequeñas empresas , para otros a los nuevos negocios. Concluye que el término se refiere no al tamaño o edad de la empresa, sino a cierta clase de actividad. Kundel (1991) citado en Schnarch (2007) define el emprendimiento como la gestión del cambio radical y discontinuo, o

---

[8]   De acuerdo con Varela (2013) la persona que percibe la oportunidad, es creativo, invierte energía, conocimientos, tiempo y, a veces, dinero. Pero en muchas ocasiones no tiene la capacidad de conseguir los recursos que permiten convertir en la realidad la oportunidad y, por ello, no logra emprender o difundir sus ideas en la empresa.

renovación estratégica, sin importar si ocurre al interior o exterior de las organizaciones existentes y, sin importar si esta renovación genera o no nuevas unidades de negocios. Cabe señalar que en el corazón de esta actividad está la innovación, es decir, el esfuerzo por crear un cambio útil y enfocado en el potencial económico o social de la empresa.

Así pues, se asume que la creatividad, la innovación y el emprendurismo son procesos complementarios, donde el último se nutre de los dos primeros, y no necesariamente en una secuencia determinada. Además, no implica que las ideas sean originales o en la frontera tecnológica o científica, tampoco que sean generadas por las mismas personas que las llevan al mercado. Varela (2013) señala que la mayoría de las veces son adaptaciones de ideas originales que se ajustan o modifican para llevarlas a cabo por quienes no las originaron. En consecuencia, la actividad emprendedora es débil e incluso riesgosa si no se acompaña de habilidades de creatividad e innovación. Al respecto, Lederman *et al.* (2014), considera que los emprendedores de éxito son individuos que transforman ideas en iniciativas rentables y, que por tanto, requiere talentos especiales, como la capacidad de innovar, introducir nuevos productos, de explorar otros mercados, para dirigir a otras personas, priorizar las tareas para aumentar la eficiencia productiva y de asignación eficiente de los recursos disponibles.

Alternativamente, la creatividad e innovación requieren de personas emprendedoras, tanto dentro como fuera de las organizaciones, capaces de transformar productos, procesos, métodos, etc., para hacer crecer a las empresas o para crear sus propias empresas y plasmar sus propios enfoques y visiones (Schnarch, 2007).

Por último, el cuadro 1 muestra la relación entre invención, innovación y espíritu empresarial, inventores, innovadores y empresarios, y micro, pequeñas, medianas y grandes empresas. Desde ese punto de vista, podemos tener tres tipos de individuos, dentro o fuera de una organización, fundamentales para el fomento de la innovación. Por un lado, en las microempresas tiende a permanecer los inventores individuales-innovadores- emprendedores, caracterizados por trabajar solos, a tiempo parcial, con auto-financiamiento y retención propia de los beneficios. Asimismo, se consideran empresarios independientes, que crean empresas y asumen responsabilidades de la innovación dentro de éstas.

En el otro extremo, en las grandes empresas aparecen los inventores institucionales o corporativos, que trabajan dentro un área específica, a tiempo completo y, por definición, no retienen los beneficios de sus resultados. Asumen actitudes conocidas como intrapreneur, es decir, son responsables de introducir y producir nuevos bienes, procesos o servicios, siendo el eje de la innovación. Entre estos dos tipos de individuos, hay todo un rango de innovadores con características de ambos. La frontera de su categorización sigue criterios subjetivos; aunque se reconoce cierto nivel de dinamismo en este tipo de personas por las propias características así como por la flexibilidad en el ambiente organizacional del que son parte.

Cuadro 1. Inve nción, innovación y e mpre ndimie nto e n las e mpre s as.

Actividad/ nivel	Invención	Innovación	Emprendimiento
Micro	Inventor Individual	Innovador	Emprendedor
Pequeñas y Medianas	Inventor Empres arial	Campeones de la innovación	Emprendedor / Intraemprendedor
Grandes	Inventor Corporativo	Promotores de la innovación	Intraemprendedor

Fuente: Thomas *et al.* (2011).

2

ENFOQUE SISTÉMICO DE LA INNOVACIÓN EN LAS MICRO Y PEQUEÑAS EMPRESAS

Este manual toma como elemento teórico un enfoque sistémico para analizar la realidad y tener opciones de mejorarla. Se tiene como punto de partida la Teoría General de Sistemas (TGS) que nace con Ludwing Von Bertalanffy (1950) cuando dio a conocer sus investigaciones sobre el sistema abierto.

El enfoque sistémico nos permite tener elementos para analizar situaciones de forma más completa, lo que favorece a las soluciones y al crecimiento de las empresas. Utilizar este enfoque permite desarrollar habilidades para describir holísticamente los fenómenos, un mejor entendimiento de lo que ha ocurrido, comprender la relación del fenómeno con otros fenómenos y con la naturaleza entera, predecir la repetición de la situación y utilizar el conocimiento para producir o prevenir (de acuerdo con el efecto deseado) nuevos situaciones que favorezcan el crecimiento de las empresas.

En este sentido, el enfoque sistémico es el cimiento para entender y promover el cambio en cualquier sistema. En otras palabras, la TGS sienta bases para que los negocios o empresas aprendan a aprender de sus experiencias.

2.1 Teoría General de Sistemas en el entorno empresarial

Para poder conceptualizar a las micro y pequeñas empresas como un sistema, necesitamos partir de los conceptos centrales de la TGS, donde lo fundamental es la propia definición de sistema. Un sistema, es una unidad que consta de partes interdependientes. Es una unidad dinámica diferente y superior a la suma de sus partes o integrantes, en la que lo que le pase a cada una de sus partes está afectando a todas las demás. Asimismo, un sistema está contenido, a su vez, en otros sistemas de carácter superior.

Este enfoque sugiere que en una micro o pequeña empresa, hay que distinguir una serie de subunidades y de sub-subunidades y que la empresa es más que la suma de sus departamentos, áreas o individuos con actividades que colaboran dentro o fuera en ella. Podemos identificar que la empresa es parte de un subsistema mayor: el mercado, y este a su vez de otro sistema mayor, el sector económico –industria, comercio o servicio –, y así sucesivamente.

De esta forma es posible decir que el simple análisis de las partes integrantes del sistema- empresa no explica suficientemente el funcionamiento de toda esta organización. Por ejemplo, en el caso de una tienda de abarrotes, el conocer a las personas y actividades que participan en ella no nos muestra el funcionamiento de toda la tienda, es necesario ubicarla en la calle, la colonia, la ciudad, el estado, entre los principales competidores, en el sector de actividad, entre los tipos de clientes, etc.

Una diferenciación de suma importancia es entre sistemas cerrados y sistemas abiertos. Los sistemas cerrados son aquellos que se comportan de forma fija, rítmica o sin variaciones, son sistemas donde ningún elemento de afuera entra y ninguno sale del sistema. Los sistemas cerrados son de alguna manera autosuficientes, viven en "circuito cerrado" y ni tienen ni precisan de intercambios con su entorno.

Por otro lado, llamamos sistemas abiertos a todos aquellos que tienen comunicación con el entorno, del cual reciben una serie de *inputs* (materias primas, energía, información) y al cual devuelven otra serie de *outputs*. Dicho de otra forma, son sistemas que importan y procesan elementos del ambiente, establecen intercambios permanentes logrando el equilibrio, la capacidad reproductiva o de continuidad; precisan de estos intercambios para vivir y prosperar.

En nuestro caso, en que utilizamos la TGS al estudio de la innovación al interior de las empresas, es importante reconocer que todos los sistemas sociales como las empresas son sistemas abiertos. De alguna manera podemos hablar de sistemas más abiertos y menos abiertos, pero todos los sistemas sociales tienen algún tipo de permeabilidad con el entorno. De hecho, es precisamente la apertura y la entrada de información del ambiente lo que incentiva a la innovación en la empresa. Por ejemplo, en la misma tienda de abarrotes, cuando el proveedor llega a ofrecer nuevos productos o el cliente busca nuevos productos en su tienda, está entrando información a la microempresa, lo que detona un cambio en el sistema, que los empresarios y colaboradores deben incorporar como parte de su nueva realidad.

Una empresa es un sistema organizacional que está vivo y es abierto, es creado por el hombre y mantiene una interacción dinámica con su ambiente (clientes, proveedores, competencia, clientes potenciales), la empresa influye al ambiente y recibe influencia de éste. Es un sistema integrado por diversas partes relacionadas entre sí, que trabajan en armonía y que necesitan adaptarse al medio de cambios constantes, en este sentido tienen una posibili dad de vida ilimitada siempre que el sistema se adapte al cambio.

Citando a Velásquez (2007), la organización es un sistema orgánico inmerso en un medio hostil con el que se intercambia energía, materia, información y dinero, es decir, la organización es un sistema socio-técnico abierto, el que posee relaciones de entradas (insumos), salidas (productos) y retroalimentación o ciclos de retorno para modificar el propio sistema, en estructura, operación, función o propósito, permitiendo su permanencia en el tiempo, además de procesos internos de readaptación, construcción y auto-reparación, que le permiten interrelacionarse adecuadamente con un entorno.

Los sistemas abiertos tienen ciertas características que permiten entender la "vida" del sistema[9]:

- No sumatividad. El sistema es mayor que la suma de sus partes;
- Totalidad. Es holístico, si una parte cambia, cambia todo el sistema. Se comporta como un todo inseparable y coherente;
- Linealidad y Circularidad en la información. Cuando hay linealidad la información fluye en un solo sentido. Con la circularidad la comunicación va de ida y vuelta;
- Retroalimentación. Puede ser positiva o negativa. Positiva cuando a una acción corresponde una reacción que incrementa el proceso que se está dando, donde la desviación del punto de equilibrio se amplía cada vez más. Negativa cuando la reacción de una de las partes frena a la otra;
- Equifinalidad. Se puede obtener el mismo resultado por varios caminos;

---

[9] Las características fueron tomadas y adaptadas del cuaderno de trabajo "Teoría de Sistemas" elaborado por el Centro Ericksoniano de México (2014).

- Organización. En el sistema hay jerarquías, división de roles y especialización;
- Límites. Delimita el sistema distinguiéndolo de otros de su entorno, regula n la entrada y salida de energía e información. Los límites pueden ser cerrados, permeables o inexistentes; pueden modificarse para que el sistema se adapte a un cambio interno o ambiental;
- Jerarquía de complejidad. Cada sistema es parte de uno o varios sistemas mayores y sus partes son sistemas que tienen sus propias partes;
- Homeóstasis. Es la tendencia del sistema a recuperar el equilibrio y mantenerse así.
- Entropía. Es la tendencia de los sistemas a la no diferenciación entre sus partes, lo que los puede llevar a desaparecer porque se pierde estructura, jerarquía y funciones;
- Negentropía. Es el proceso inverso a la entropía, aparece sólo en sistemas vivos, d onde existe presión o información que ejerce alguien o algo para conservar el orden dentro del sistema. El sistema tiende a incrementar su complejidad a través de la especialización, la jerarquización y la creación de nuevas estructuras.

Cada una de estas características, presentes en toda empresa, micro o pequeña, es lo que nos permite conocer, aprender e intervenir para detonar los procesos de cambio en las organizaciones. La experimentación de todas y cada una de estas características está presente en todo el transcurso de la innovación en una empresa. Reconocerse con una visión sistémica, reconocer la no sumatividad y la totalidad es un primer paso que muestra un panorama amplio en cuanto a quienes somos y la participación que tenemos en el negocio.

Otro aspecto de gran relevancia es la comunicación. Hay momentos en que se requiere linealidad o circularidad en la información en cualquier negocio, esto genera una retroalimentación a veces positiva a veces negativa. Identificar cómo se dan estos procesos y cómo detonarlos en el momento adecuado puede desatorar procesos de cambio donde hay resistencia. La equifinalidad da opciones de cambio, si por una vía no hay avance, es posible encontrar nuevos caminos para crecer e innovar. Esto significa que no hay un solo tipo de innovación exitosa.

La organización y los límites son quizá el aspecto más observado en una empresa, le da estructura al sistema. La jerarquía de complejidad permite observar al negocio o actividad desarrollada dentro de él como una pequeña parte en medio de sistemas mayores que pueden también ser modificados. Permite al actor buscar iguales, aprender de otros y probar soluciones ya intentadas pero mejorándolas.

La homeóstasis, entropía y negentropía, nos explican procesos de caos y crisis en las empresas. Nos ayuda a identificar las fuerzas que están a favor del cambio y aquellas que están empujando contra el cambio. Al final nos lleva a reconocer que el sistema tiende al equilibrio y a la subsistencia. Por ende, procesos de innovación implementados por la empresa que parezcan riesgosos e inciertos llevan en última instancia a la empresa al equilibrio.

Retomando todas estas características y aplicándolas al entorno y experiencias de las micro y pequeñas empresas en México, este manual está diseñado para que lo utilice cualquier individuo que participa en el entorno empresarial, ya sea como dueño o trabajador. Desde un enfoque sistémico si una parte cambia, cambia todo el sistema, cualquier persona que desarrolle habilidades humanas y de innovación estará llevando nueva información al sistema organizacional en el que se desenvuelva detonando procesos de cambio, innovación y crecimiento.

2.2 Pensamiento sistémico y aprendizaje

Después de haber revisado algunos elementos respecto a la TGS en un entorno empresarial o de negocio, es posible entender el cambio desde una visión más amplia y con elementos que permiten una mejor planeación. Entender lo que es el cambio y las diversas formas de enfrentarlo o planearlo provee elementos a micro y pequeñas empresas para lograr la innovación.

El concepto de totalidad de la TGS es el punto de partida para iniciar los procesos de cambio. El pensamiento holístico impulsa al individuo a buscar o enfocarse en problemas o soluciones con mayor profundidad de la que se venía realizando. Otro elemento primordial es que en los sistemas de interacción humana como las empresas existe un campo invisible de información. De acuerdo con Bateson (1990), las organizaciones son entidades conscientes; tienen capacidades para generar y absorber información, para el feedback y para la autorregulación. De esta forma, el autor asegura que cada sistema desarrolla su propia conciencia.

Ahora la empresa es capaz de identificar que distintos problemas y soluciones pueden provenir de factores externos o desde el interior de la misma. Ahora, tiene mayores recursos para mantenerse competitiva en el mercado. La perspectiva sistémica nos dice que debemos buscar más allá de los errores individuales para comprender los problemas importantes. Hay que mirar más allá de las personalidades y los acontecimientos. Como el sistema causa su propia conducta, debemos examinar las estructuras que modelan los actos individuales y crean las condiciones que posibilitan cierto tipo de acontecimientos.

Este tipo de pensamiento permite a la empresa centrarse en una dinámica de aprendizaje constante y sobretodo aceptar que la realidad es modificable y que los individuos y grupos tienen mucho que aportar en este proceso de mejora. Las personas que colaboran en las empresas descubren continuamente cómo crean su realidad y cómo pueden modificarla para crecer.

Este punto es de suma importancia porque la micro y pequeña empresa deja de verse como separada o aislada de lo que ocurre en los mercados o sectores, con sus clientes y colaboradores; ahora se observa completamente conectada con todo el mundo . Esta es una ventaja porque en un mundo globalizado como el que enfrentan las empresas mexicanas actualmente, la capacidad y velocidad a la que se van conectando y van aprendiendo se convierte en un elemento que la lleva a la delantera, contribuyendo a reducir la tasa de mortalidad empresarial.

El aprendizaje, entonces, se convierte en un elemento central del pensamiento sistémico en las empresas. Como explica Senge (2004), cuando hablamos de aprendizaje desde una perspectiva sistémica las implicaciones son mucho más profundas que la simple filtración o absorción de información nueva o complementaria al negocio; cuando hablamos de aprendizaje sistémico estamos frente al reto de re-crear a la empresa y a nosotros mismos. A través del aprendizaje nos capacitamos y desarrollamos habilidades para hacer algo que antes no considerábamos posible. A través del aprendizaje las empresas están ampliando su capacidad para crear, para innovar.

Para Senge (2004), en una empresa existe el "aprendizaje para la supervivencia", lo que a menudo se llama "aprendizaje adaptativo" que es importante y necesario para enfrentar situaciones de crisis que no son previstas. Pero, lo que él llama una organización inteligente conjuga el "aprendizaje adaptativo" con el "aprendizaje generativo", un aprendizaje que aumenta la capacidad creativa y permite prever y planear cómo será el camino del aprendizaje.

2.3 Cambio e innovación en la micro y pequeña empresa

¿Qué entendemos por cambio?

Para la Real Academia Española cambiar es dejar una cosa o situación para tomar otra; también es convertir o mudar algo en otra cosa o modificar la apariencia, condición o comportamiento (http://dle.rae.

es/?w=cambiar&o=h). Siguiendo a Watzlawick *et al.* (1992) el cambio se asocia a la persistencia de situaciones que necesitan modificarse. Para estos autores, el cambio se inicia cuando existe una desviación respecto a una norma, por lo que se entiende como esencial para reestablecer nuevas normas para alcanzar la supervivencia.

Zepeda (1999) afirma que cambiar es abrir oportunidades, implica maneras distintas de actuar para provocar resultados diferentes. Considera al cambio como el único medio de mejorar, ante situaciones de inconformidad e insatisfacción.

De este modo, puede decirse que el cambio es cualquier alteración en algún ambiente en el que participa una persona. Al respecto, Nisbet y Gick (2008) refiriéndose al tema de salud, argumentan que un requisito para que se de el cambio en un individuo, éste debe sentirse vulnerable a alguna amenaza, ver a las posibles consecuencias como severas, y considerar que las acciones a tomar prevengan o reduzcan el riesgo a un costo aceptable y con pocas barreras. Adicionalmente, una persona debe sentirse competente para ejecutar y mantener el nuevo comportamiento.

En el ambiente laboral, Munassar *et al.* (2013) señalan que el cambio significa una alteración en el trabajo para alcanzar una mejora. Asimismo, el cambio ocurre cuando una organización desea moverse desde el estado actual a un nuevo con estándares de desempeño más altos (Gobierno de Queensland,https://www.psc.qld.gov.au/ publications/subject-specific-publications/assets/change-management-best-practice-guide.pdf)

En cuanto al proceso de cambio, entendido como la aplicación de un proceso estructurado que conduce a las personas hacia un resultado deseado, requiere la integración de distintas formas de trabajo (Rugman y Hodgetts, 2001) para moverse desde la fase actual hasta alcanzar el nuevo estadio deseado. Por ende, la alteración del ambiente, estructuras, cultura, tecnología o personas de la organización requieren conocimientos, habilidades, técnicas, actividades, etc. (Richman, 2006).

Desde el punto de vista sistémico, el cambio en las empresas se logra entrenándonos para observar el flujo de la actividad que sostiene las cosas. Esto es, necesitamos entender cómo es que se genera la homeóstasis del sistema que nos lleva a una zona de confort : al estado actual de las cosas. La causalidad múltiple del sistema, la equifinalidad, nos permite observar los procesos y encontrar diversos caminos para modificar el estado de confort y poder vislumbrar un nuevo estado en el que la empresa ya ha crecido. Como decía Bateson (1990) de lo único que podemos estar seguros es que esta situación cambiará trayendo nuevo conocimiento, estructura y aprendizaje al sistema. En este sentido el cambio que ocurre en la empresa es un cambio organizacional.

De acuerdo con Jones (2013) un cambio organizacional es el proceso mediante el cual las organizaciones se mueven de su estado presente a un estado futuro deseado, con la finalidad de aumentar su eficacia. El cambio organizacional planeado busca encontrar formas nuevas o mejores de utilización de recursos y competencias, para incrementar la capacidad de la organización de crear valor y mejorar su desempeño.

Un cambio organizacional en una micro y pequeña empresa implica varios niveles de acción. Es decir, éstas deben implementar cambios a diferentes partes del sistema para logar un cambio exitoso y completo. Primero un aprendizaje individual, para posteriormente implementar un aprendizaje en equipo. Estos dos aprendizajes juntos promueven, a su vez, el aprendizaje organizacional que finalmente se derrama al aprendizaje de los clientes y proveedores quienes se adaptan a las nuevas circunstancias de la empresa. De esta forma, vemos que el individuo perteneciente a cualquier empresa representa el agente principal de cambio. No depende únicamente del dueño o personal que dirige los negocios, cualquiera que muestre deseo de cambio es capaz de propiciarlo y de innovar, independientemente de su jerarquía laboral, en las micro y pequeñas empresas.

En este contexto, desde el punto de vista de las MIPES existen fuerzas que promueven el cambio y fuerzas que se resisten al cambio. Dentro de las fuerzas que fomentan el cambio están las competitivas que implican un deseo de lograr una ventaja competitiva , ya sea atrayendo nueva tecnología o nuevos productos. También están las fuerzas económicas- políticas que llevan a las empresas a cambiar aspectos como la forma o el lugar de producción de bienes y servicios principalmente ante nuevas legislaciones (como en el caso de la facturación electrónica). Asimismo, las fuerzas demográficas y sociales juegan un papel sobresaliente puesto que muestran a las empresas segmentos de clientes potenciales, productos diferenciados y variados medios sociales para vincularse con clientes y proveedores. Por ende, las empresas buscan personal capacitado o se capacitan en la tecnología cambiante para adaptarse a las fuerzas demográficas y sociales. En el caso particular de las empresas mexicanas que en su mayoría son familiares, se ha detectado como fuerza impulsora el deseo de mejorar la situación económica familiar.

Como fuerzas que se resisten al cambio en la micro y pequeña empresa están aquellas de nivel organizacional o de estructura en el negocio, principalmente detectado en las empr esas familiares donde los límites y jerarquías están mezclados con las situaciones familiares. El tema de la cultura o idea original del fundador también resiste al cambio cuando quién toma las decisiones del negocio no puede hacer cambios profundos. En algunos casos existen resistencias a nivel funcional cuando hay conflicto por opinión o poder entre colaboradores o mala comunicación que no permite operar cambios. En empresas pequeñas a nivel de grupos también puede haber resistencia por normas rígidas, reglas internas de cohesión o excesiva cohesión que crean un pensamiento grupal con menores oportunidades para el cambio y adaptación.

Cuando llevamos estas fuerzas al terreno del individuo, célula más pequeña que colabora en una empresa, tenemos como principal fuerza que favorece el cambio el deseo de superación personal, salir de la rutina laboral, la capacidad de visualizar metas y beneficios a lograr; mientras que las que se resisten al cambio serían la baja tolerancia a la frustración y el temor ante la incertidumbre[10], rechazo al riesgo, hábitos arraigados, etc.

Otro elemento importante son las creencias que pueden ser impulsoras o resistencias al cambio en función de los aprendizajes y la experiencia de las personas que colaboran en las empresas. En palabras de Cañeque (2008) "lo que importa es saber que la vida siempre es cambio. La cuestión pasa por revisar qué se siente y piensa frente a él, chequear los recursos disponibles y rumbear hacia las metas propuestas".

A nivel individual en cada cambio se actualizan ideas, recuerdos, sentimientos y sensaciones, desde la persona y hasta las organizaciones en su conjunto. Estos elementos son, entonces, la principal fuente para detonar el desarrollo de habilidades de innovación. En este sentido innovación es una suma de cambios que requiere una visión y entrenamiento. Cañeque (2008) nos dice "innovar es avanzar sin miedo, volcando la mente hacia afuera. Cada nuevo invento se origina en algún otro conocimiento. No nos cae del cielo. Utilizamos lo que ya estaba en el pensamiento, sólo que es reactivado por algún estímulo que aparece en la circunstancia".

---

[10] La zona de confort en la que la persona o las organizaciones se instalan ofrece un cierto nivel de seguridad que se teme perder. Esta situación nubla la vista del agente de cambio complicando que se logren los rendimientos creativos esperados.

2.3.1 Desarrollo Organizacional: Teoría Sociotécnica de Tavistock

A principios de los años cincuenta, un grupo de investigadores del Instituto Tavistock realizaron una serie de estudios que permitió proponer el modelo del cambio socio-técnico. Este modelo ayuda a describir la relación de elementos que se interrelacionan ante un cambio o innovación en cualquier empresa.

El modelo se inspira en los conceptos y teorías de sistemas ya mencionados, tales como el holismo. En consecuencia, se puede mirar al conjunto de una situación adoptando una visión integral del funcionamiento del negocio compuesto de un sistema técnico y un sistema social en continua interacción. Como se explicó, se concibe a la empresa como un sistema abierto donde la atención también se dirige hacia el entorno. Además la empresa tiene el poder de autorregulación, que da fuerza a la idea de los grupos de trabajo en el cambio.

El modelo sociotécnico es congruente con el enfoque de este manual, ya que establece un análisis para tratar equivalentemente los sistemas social y técnico así como el estudio de las relaciones entre ellos, pues el funcionamiento del sistema depende más de la forma en que interactúan sus partes que del comportamiento independiente de unos y otros. Así, cada uno de los subsistemas se encuentra estructurado por:

✓ Subsistema técnico o tecnológico: Comprende las instalaciones físicas, las tareas a desempeñar, las exigencias de la tareas, el equipo, máquinas, terrenos, los servicios, los instrumentos utilizados, las técnicas operativas, el ambiente físico y la duración de las tareas. Establece límites a lo que puede hacerse y, al mismo tiempo, crea necesidades que debe resolver o proveer la organización interna y los objetivos finales.

Hay momentos en los que este sistema se ve afectado por el ambiente externo, en el momento en que se da un nuevo descubrimiento o innovación radical; entonces el sistema técnico requiere de cierta flexibilidad para adaptarse.

✓ Subsistema social: Compuesto por los individuos tomando en cuenta sus características físicas y psicológicas, las relaciones sociales entre las personas encargadas de la realización de la tarea, así como las exigencias de la organización, formales e informales, en la situación del trabajo; comprende funciones ocupacionales. Su creación e institucionalización ha sido fuertemente influ enciada por la forma en que opera el sistema tecnológico. El subsistema social modifica la eficiencia potencial en eficiencia real.

✓ El subsistema administrativo: Contempla la estructura organizacional, las políticas, los procedimientos, las reglas, y el sistema de recompensas y castigos; la manera de tomar las decisiones y otros elementos proyectados para facilitar los procesos administrativos. Está conformado por toda la información que le dan estructura a los subsistemas técnico y social.

La figura 1 muestra la interrelación de estos subsistemas en la planeación del cambio de las empresas. Este enfoque da sustento a los modelos de cambio planificado a través de la disciplina del desarrollo organizacional y es, además, el que nos permite utilizar y crear técnicas sistémicas para generar cambios en la micro y pequeña empresa mexicana.

Figura 1. Elementos del Modelo Socio-técnico.

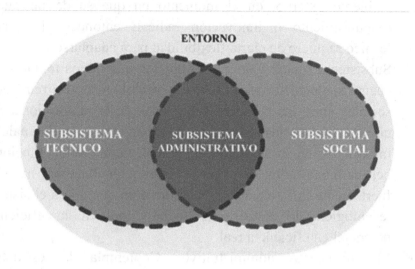

Fuente: Adaptado de French *et al.* (2007).

A partir del diagnóstico elaborado en este proyecto, las micro y pequeñas empresas en México presentan en general como principales características del sistema técnico, instalaciones físicas que dependen del sector de actividad y que muchas veces están ubicadas en el hogar de algún integrante del negocio. En cuanto al equipo, los servicios y los instrumentos utilizados son adoptados comúnmente de algún proveedor que ha generado o comercializa la innovación. Algunas características del sistema social que impera en las MIPES es que se trata de negocios donde muchos de los integrantes tienen lazos familiares, y, por tanto, de individuos un tanto dependientes de las decisiones de jefes, con limitada iniciativa para el cambio, solidarios entre ellos y empáticos. Finalmente, en el subsistema gerencial o administrativo, se tiene en general para estas empresas una estructura organizacional difusa, con límites permeables y pocas estructuras contables y administrativas que permitan planear el cambio y la innovación.

2.3.2 Modelos de cambio planificado

Uno de los primeros modelos que explicaron el cambio en las organizaciones es el de cambio de Lewin, quién propone que los procesos de cambio en las organizaciones pasan por tres fases. Primero, un descongelamiento de los patrones de conducta, costumbres y estilos de operar existentes en un momento inicial en la empresa. Segundo, experimentación e implementación de nuevos patrones, costumbres y estilos de operar. Por último, una nueva fase de congelamiento o afianzamiento de patrones y costumbres nuevas.

Para dar inicio a este espiral de cambio, Lewin propone el análisis de campo de fuerzas, que se basa en la premisa que el proceso de cambio es resultado del balance entre fuerzas impulsoras (las que presionan a favor del cambio) y las fuerzas opositoras (que se resisten al cambio). Al utilizar el análisis de campo de fuerzas se podrá identificar el curso de acción más adecuado para ser implementado; se hace un análisis de los elementos del sistema y de las partes de la empresa que cuentan con mayor número de fuerzas impulsoras y el menor número de opositoras. Como tenemos la característica de equifinalidad en el sistema, lo importante es detonar el cambio en el punto donde resulte más manejable logarlo.

En el contexto de empresas pequeñas que cuentan con más estructura a diferencia de las micro, este análisis permitirá tomar, a nivel directivo, empleados, miembros de un equipo de trabajo y usuarios, el mejor y más objetivo curso de acción dentro de un proceso de análisis estratégico. Tiene la ventaja que al anticipar sistemáticamente las resistencias que se pueden presentar es más eficiente el proceso de planeación. Una forma de representar este análisis se presenta en la figura 2.

Figura 2. Modelo de cambio planificado de Lewin

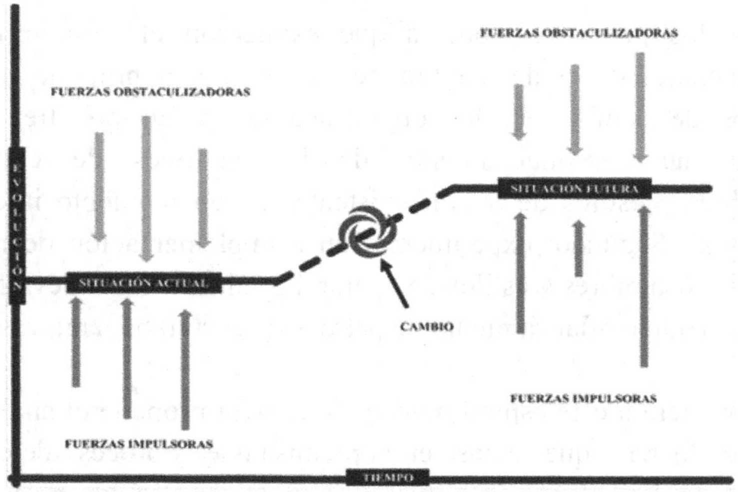

Fuente: Adaptado de Jones (2013).

Otro enfoque para estructurar el cambio en las empresas es el modelo de investigación- acción. Este es un método para aprender y hacer aprender acerca del cambio y poner en práctica los esfuerzos para alcanzarlo. Es el proceso de recopilar en forma sistemática datos del proceso de cambio en un sistema actual, en relación con algún objetivo, meta o necesidad de ese sistema, alimentar de nuevo esos datos al sistema, emprender acciones por medio de variables alternativas seleccionadas dentro del sistema, basándose tanto e n datos como en hipótesis y evaluar los resultados de las acciones recopilando datos adicionales de forma continua.

La investigación-acción es el proceso de reflexión por el cual en un área problema determinada, donde se desea mejorar la práctica o la comprensión personal, el profesional en ejercicio lleva a cabo un estudio, en primer lugar, para definir con claridad el problema; en segundo lugar, para especificar un plan de acción. Luego se emprende una evaluación para comprobar y establecer la efectividad de la acción tomada en etapas intermedias y finales del proceso. Por último, los participantes reflexionan, explican los progresos y comunican estos resultados a la comunidad de investigadores de la acción, que pueden ser los dueños o colaboradores. La investigación-acción es un estudio científico auto-reflexivo de los profesionales para mejorar la práctica (McKernan, 1999; citado por Muñoz *et al.*, 2002).

De acuerdo con Kemmis y McTaggart (1988, citado por Muñoz *et al.*, 2002), la investigación-acción es una forma de indagación introspectiva colectiva emprendida por participantes o colaboradores en situaciones sociales con objeto de mejorar la racionalidad y la justicia de sus prácticas sociales o educativas, así como la comprensión de esas prácticas y de las condiciones en que éstas tienen lugar.

Podemos decir que es una forma de enfocarse en la solución de problemas, donde los elementos significativos para una intervención de investigación-acción son:

- Identificar un problema acerca del cual un individuo clave o un grupo están deseando emprender algún cambio. La idea es que participen todos o la mayor parte de los integrantes del sistema-empresa.
- Seleccionar un problema específico y formular una hipótesis o predicción que implica la meta y el procedimiento para llegar a ella. Esta meta específica surge con base en la situación "total". Determinar de manera conjunta necesidades, problemas críticos, hipótesis y acciones.
- Registrar cuidadosamente las acciones emprendidas y de la acumulación de evidencia con el fin de determinar hasta qué grado se ha alcanzado la meta.
- Hacer inferencia, a partir de la evidencia, en cuanto a la relación de las acciones y la meta deseada.
- Lograr la solución a problemas prácticos: generar el cambio.

Una versión de este proceso se presenta en la figura 3.

Figura 3. Esquema de la Investigación-Acción

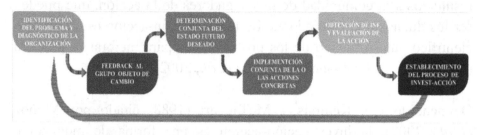

Fuente: Adaptado de Jones (2013) y Cummings y Worley (2009).

El último modelo de cambio planeado que consideramos es el positivo. Para Cummings y Worley (2009) este modelo se concentra en lo que se está haciendo bien. Por tanto, se da inicio a la investigación para desatar cambios a partir de las fortalezas principales de la organización y del individuo. Primero identificando todo aquello que en el negocio tiene buenos resultados; se ubican los temas más importantes en la empresa o negocio siempre con el apoyo del personal involucrado. Mediante la técnica de creación en sueños –imaginando- se elige el futuro deseado; posteriormente se diseñan y proponen varios caminos para crear ese futuro, siempre regresando a iniciar el cambio a partir de aquello en lo que la empresa es experta o hace bien. El modelo positivo de cambio se resume en la figura 4.

Figura 4.Modelo positivo de cambio.

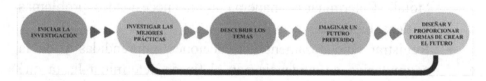

Fuente: Adaptado de Cummings y Worley (2007).

Todos estos modelos para el cambio se conectan con temas como la organización, la planeación y la mejora continua. Ponen de relieve la importancia de tener un análisis del punto de partida en el sistema, así como una meta o un futuro al que se desea llega. Resalta asimismo, la relevancia de identificar en los individuos que colaboran en las micro y pequeñas empresas habilidades sociales como el liderazgo, trabajo en equipo, solución de conflictos, entre otras.

Cuesta concebir una empresa que haya alcanzado un mínimo nivel de crecimiento y permanencia en los mercados sin antes haber tenido claras sus metas, valores y misiones, sin que estos elementos hayan entrado, metafóricamente hablando, a las personas que colaboran dentro de la empresa. Cuando las empresas se conforman por un número reducido de personas esta situación es aún más crítica.

Se construye una visión compartida, que motiva a los colaboradores para realizar sus actividades de la mejor manera simplemente porque están convencidos de la importancia de su labor. En este punto un líder tiene enorme relevancia, ya que es su labor transmitir esa visión compartida y, mediante sus habilidades para coordinar y desarrollar un buen equipo de trabajo, llegar a la meta.

3

HABILIDADES HUMANAS PARA LA INNOVACIÓN

Aquellas empresas que apuestan al desarrollo y crecimiento sólo por el análisis externo, racional y técnico enfocado en la lógica y utilizando solo parcialmente la inteligencia humana pueden condenarse al fracaso, opacando otras características humanas capaces de crear las soluciones innovadoras que requiere el mercado que a veces puede ser caótico. Desde hace algunos años las empresas se han ocupado por integrar no sólo los aspectos administrativos, de estructura o de liderazgo, en su quehacer cotidiano, sino que han transformado la visión poniendo a la persona en el centro del escenario.

De acuerdo con la teoría del capital humano las nuevas oportunidades de productividad están dadas por los niveles de educación, la experiencia y las habilidades que aumenta la acumulación de conocimientos y visión para los negocios. Como se dijo, el capital humano de los emprendedores se asocia positivamente con la creación de nuevas empresas, crecimiento del empleo, capacidad de atraer y retener clientes y aliados estratégicos, de introducir nuevos productos o servicios en el mercado actual o nuevo.

3.1. La naturaleza de la innovación

Se puede decir que desde una visión económica, muchas veces no consideramos el capital intangible en las actividades productivas, sin embargo, tanto las habilidades humanas como las de innovación, están vinculadas a un cierto tipo de capital que la empresa puede gestionar para alcanzar niveles de productividad deseados. Actualmente se dice que son los factores de producción intangibles los que llevan a una empresa o nación a mejorar su competitividad.

De acuerdo con Varela (2013) en un mundo globalizado, las actividades de las empresas están condicionadas por el papel que juegan las circunstancias del entorno sobre el empresario y sobre la empresa. Estas circunstancias son culturales, sociales, económicas, físicas, tecnológicas, poblacionales, políticas, etc. El empresario al estar inmerso en este contexto identifica oportunidades, define valor, consigue recursos, crea proyectos nuevos o una organización y la gestiona para distribuir valor a la sociedad.

Este manual parte del enfoque de Swoyambhu (2012), quién considera la premisa que las competencias para la innovación dependen fundamentalmente de cuatro factores interrelacionados: habilidades, motivación, actitudes y conocimiento (véase figura 5). Desde un enfoque sistémico, cuando uno de estos elementos se modifica se presenta un efecto en los otros. El impacto dependerá del grado de desarrollo de cada factor en el individuo. Al respecto, este proyecto se centra en el desarrollo de habilidades como una vía para detonar procesos de innovación individual.

La habilidad la definimos como todo lo que tiene que ver con las capacidades cognitivas,[11] con lo que puede trabajar la mente, por lo

---

[11] Se refiere a capacidades de pensamiento, donde se reconoce que diversas habilidades implican el funcionamiento cerebral donde se lleva a la reflexión, síntesis, análisis, juicio, etc .

tanto se pueden desarrollar, son innatas o se aprenden. La motivación es aquello que nos mueve con una necesidad de cambio o mejora ante diferentes situaciones de estabilidad. La actitud se relaciona con el comportamiento que asumimos ante diferentes situaciones y el conocimiento es el conjunto de datos y principios del saber que nos permiten actuar con elementos básicos.

Estos cuatro elementos interrelacionados generan las competencias, entendidas como capacidades que le permiten a la persona resolver situaciones, generar experiencias, acumular aprendizajes de la práctica constante donde interactúan conocimientos, habilidades, carácter, motivación, valores, en forma integral y en diferentes interacciones que tienen los seres humanos en el ámbito personal, social y laboral.

Figura 5. Factores que posibilitan la innovación.

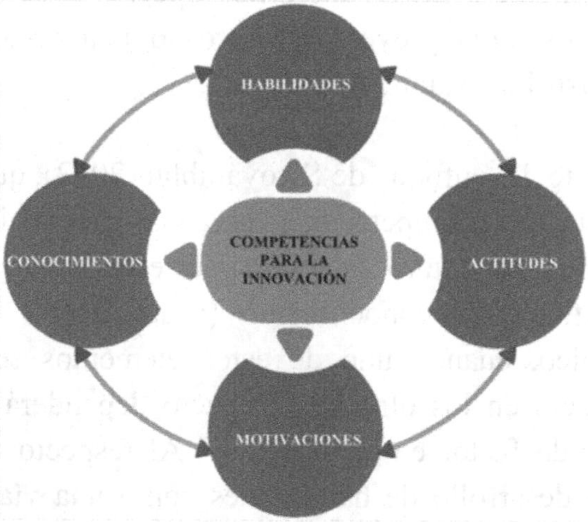

Fuente: Tomado de Swoyambhu (2012).

Hablar de las habilidades humanas en este documento es reconocer el potencial integral del ser humano no sólo por las habilidades cognitivas sino también las emocionales, relacionales y de comunicación. Para innovar necesitamos de las habilidades humanas que hemos desarrollado desde que nacemos y hasta el día de hoy.

En consecuencia, en la medida que se sigan desarrollando podemos alcanzar más y mejores innovaciones.

Cuando hablamos de innovación puede decirse que es una parte del proceso de emprendimiento. De acuerdo con Muñoz (2010), la creatividad es un proceso previo a la innovación; mientras que el proceso creativo implica la generación de ideas, el proceso innovador trata de la realización material de alguna o varias de esas ideas.

Por tanto, el proceso de creación o invención se refiere a los esfuerzos para generar nuevas ideas, mientras que la innovación involucra materializarlas. Hay individuos que tiene habilidades notables para crear nuevas ideas pero carecen de habilidades para llevarlas a la realidad.[12] El proceso final al que se conoce como emprendimiento, es el de explotació n de la idea materializada, incluye el desarrollo comercial, aplicación y transferencia, lo que implica la orientación de las ideas o de productos o procesos a determinados objetivos, su evaluación, socialización de los resultados y la futura utilización. La figura 6 muestra la naturaleza de la innovación en un entorno empresarial.

Decimos entonces que el emprendimiento parte de un proceso de creación –o invención-, seguido por un proceso de innovación, en el cuál se pone en juego múltiples habilidades humanas que permiten llevar información del mundo de las ideas a la realidad que experimenta la empresa día con día. La última parte del proceso

---

[12]   Para Muñoz (2010), la creatividad es un proceso y una facultad de libertad imaginativa para generar muchas ideas originales y valiosas que pueden llegar a materializarse posteriormente en la solución de problemas o en la creación de nuevos conceptos, materiales, productos, procesos, servicios y oportunidades. La innovación es el resultado de llevar a la práctica una o varias de esas ideas creativas para generar valor agregado, utilidad, perfeccionamiento, beneficios sociales, técnicos y económicos.

significa que se está logrando su explotación o comercialización o aceptación en el mercado, lo que entendemos com o una fase de emprendimiento.

Figura 6. Espiral de la innovación

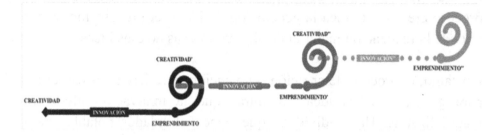

Fuente: Elaboración propia.

Una vez logrado el emprendimiento, surge un nuevo marco de referencia en las empresas . Desde el punto de vista sistémico, podemos decir que se ha aceptado el cambio llegando a un nuevo equilibrio que implicó suspender por momentos la homeóstasis a la que estaba acostumbrada. La empresa ha logrado equilibrar las fuerzas que están a favor del cambio que proviene de la idea creativa y aquellas que están empujando en contra, logrando una nueva homeostasis en la cual el sistema ha logrado un nuevo nivel de evolución donde se ha incrementado su complejidad a través de la especialización, la jerarquización y la creación de nuevas estructuras.

Siguiendo el enfoque del aprendizaje sistémico, la empresa y sus colaboradores han aprendido el camino para innovar, ya han desarrollado las habilidades necesarias para hacerlo, únicamente requieren rescatar aprendizajes y experiencias para identificar nuevas oportunidades de innovación. En este sentido, ante la implementación de las ideas en la realidad aceptada socialmente en los mercados, los individuos en la empresa están en condiciones de monitorear su evolución, han identificado aquellas partes que le resultaron cómodas y aquellas que tuvieron un mayor grado de complejidad, han aprendido de los errores, del fracaso, de la incertidumbre y del éxito. Es precisamente la experiencia de cada paso en este proceso lo que le da bases para identificar nuevas oportunidades o ideas creativas que le lleven a seguir creciendo, entonces, el proceso se reinicia desde un estadio más elevado.

Además, siguiendo a Silva (2013), como innovar es renovar o introducir una novedad, la innovación se genera a partir de productos, procesos o situaciones existentes. En consecuencia, las empresas deben tener en cuenta que todo lo que será cambiado, transformado o mejorado ya existe (atributos y carencias) y va a ser reformado en un contexto o entorno para beneficio de alguien (necesidades de los consumidores). En pocas palabras, en este proceso las empresas micro y pequeñas va a crear o modificar un bien, servicio o proceso para su posterior introducción al mercado de forma escalonada.

3.2. El capital intelectual como factor que posibilita la innovación

¿Cómo entran las habilidades, actitudes, motivaciones y conocimientos a formar parte del capital que gestiona la micro y pequeña empresa en el día a día? ¿Cómo participan estas habilidades en el logro de objetivos económicos como mayores ventas, incrementar el número de clientes y ser competitivos en un mercado cambiante?

Hay que iniciar por reconocer que varios tipos de capitales están en juego a la hora del desarrollo y evolución de una empresa y, particularmente, para la innovación. Tenemos el capital físico o el capital económico que depende de la calidad y la cantidad; se refiere a insumos para la producción, maquinaria, equipo y capital económico financiero que permite el desarrollo de actividades empresariales.

Por otro lado, se tiene el capital humano que es el factor en la relación de producción que depende de la trayectoria de formación y capacidades de las personas que impactan en los niveles de productividad. El capital humano hace referencia a los aspectos relacionados con las personas, habilidades, educación, experiencia, valores, motivación, etc.

En este sentido, existen tres tipos de capitales utilizados en la empresa y requeridos para realizar innovaciones y emprendimientos: humano, estructural y relacional que se combinan para constituir el capital intelectual.

El capital estructural es el conjunto de conocimientos que permanece en la empresa independientemente que los colaboradores ya no estén en ésta (Sánchez, 2007). Incluye intangibles no humanos de la organización, esto es, cultura organizacional, procesos internos, sistemas de información, bases de datos, capacidad organizativa de aprender, usos de TICs, etc. (Meritum, 2002). Hace referencia a los aspectos internos de la organización, es el capital físico-económico (bienes de capital, dinero, etc.), estructura, forma organizativa, tecnología, patentes, sistemas administrativos, etc.

Para Sánchez (2007), el capital humano hace referencia al conocimiento tácito que el colaborador se lleva cuando abandona la empresa. Una parte de este conocimiento es exclusivo de los individuos y otra puede ser genérica a la empresa. Incluye los saberes, capacidades, experiencias y habilidades de las personas que integran la organizac ión. Esto es, el capital humano es la capacidad de innovar, de crear, de saber hacer, de trabajar en equipo, de negociación, de flexibilidad, de motivación, de satisfacción, de lealtad, etc.; hace referencia además al nivel educativo.

Finalmente, el capital relacional incluye el valor que generan las relaciones de la empresa con cliente, proveedores y cualquier grupo de interés, interno o externo (Sánchez *et al.*, 2007). Es el conjunto de recursos ligados principalmente a las relaciones externas de la empresa; es el conocimiento que se encuentra en las relaciones de la organización (Bontis, 1999). Son tanto las relaciones de la organización con terceros como las percepciones que éstos tienen de la misma, por ende, incluye la imagen, la lealtad, la satis facción de los clientes, los pactos con proveedores, el poder comercial, la capacidad de negociación, etc. (Sánchez, 2007). El capital relacional se basa en la confianza y todos aquellos aspectos relativos a las relaciones que se dan entre las personas, los socios, los proveedores, etc. Es el capital que permite obtener beneficios de las relaciones humanas.

Este capital toma relevancia aún mayor si se considera que las MIPES no son entes o sistemas aislados, sino que son parte de un sistema mayor y se relacionan con las otras partes de éste. Por ende, las relaciones de la empresa son de valor tanto para la misma como para el sistema de innovación y económico a nivel nacional.

El capital intelectual es el que asociamos a la capacitación, la educación formal y la experiencia laboral que se desarrolla tanto en el ámbito individual como en el de la organización. Son todos los recursos del conocimiento (tangible o intangible) que una empresa dispone para crear valor que le permiten construir una ventaja comp etitiva en el largo plazo (Jurczak, 2008). Son las relaciones con los clientes y socios, incluye los esfuerzos innovadores, la infraestructura de la organización, el conocimiento y habilidades de los colaboradores (Edvinsson y Stenfelt, 1999).

El capital intelectual –intangible- genera alto valor en cualquier negocio y está totalmente integrados a los individuos que colaboran en las empresas. Muchas veces no consideramos el capital intangible en las actividades económicas porque la carencia está centrada en el capital estructural. En este sentido, cabe destacar que desarrollar habilidades humanas para la innovación está estrechamente vinculado a incrementar un cierto tipo de capital que la empresa puede gestionar para alcanzar niveles de productividad mayores.

Al respecto, autores como Boisier (1999) hablan de capitales que la empresa requiere gestionar para desarrollarse y los caracteriza de la siguiente manera:

i) Cognitivo. Son los diferentes aspectos de las operaciones mentales de las que es capaz aquel que trabaja en una empresa.

ii) Simbólico. Es la capacidad de representación a través de símbolos y conceptos abstractos como la imagen empresarial y logotipos.

iii) Cultural. Son todas aquellas características de identidad, historia, pertenencia a un grupo de personas en interacción.

iv) Social. Aquellas situaciones que se comparten entre personas.

v) Cívico. Lo referente a las formas, normas y reglas de convivencia.

vi) Institucional. Las reglas de intercambios entre instituciones.

vii) Psicosocial. Las pautas de comportamiento y emociones toleradas.

viii) Sinergético. Las posibilidades dadas por intercambio entre redes de apoyo.

Asimismo, Muñoz (2010) propone una serie de capitales que complementan la lista anterior y amplían los recursos para gestionar, a saber:

i) Biológico. Se refiere a los aspectos de la naturaleza biológica del ser humano.

ii) Lingüístico. Aquellas capacidades de comunicación entre las personas.

iii) Emocional. La emoción de las cosas, lo que se siente.

iv) Ético. Son las formas y costumbres permitidas.

v) Experiencial. Al cúmulo de aspectos ya vivido que deja un aprendizaje.

vi) Creativo-innovador. Permite pasar de la idea a la puesta en práctica.

vii) Espiritual. Hace referencia a la trascendencia de los pensamientos y acciones.

Todos los capitales son de gran importancia; pero, ¿Cuál es el que tenemos más abundante los mexicanos? ¿Cuál es el más abundante en mi negocio? El diagnóstico realizado muestra que los dos tipos de capitales, tangible e intangible (intelectual) son utilizados y considerados por micro y pequeñas empresas en el día a día. Incluso, las personas entrevistadas reconocen que ante la carencia cotidiana del capital económico, el intangible, el de las habilidades humanas incluidas en las personas que colaboran en las empresas, puede ser un medio para incrementar el capital estructural y/o reducir obstáculos para la consecución de objetivos.

3.3. ¿Qué tipo de habilidades humanas se requieren para lograr la innovación desde el individuo?

Para efectos de este manual, hemos clasificado a las habilidades en tres grupos principales: las habilidades humanas básicas que son las intuitivas, las emocionales y las intelectuales, las cuales, se van desarrollando y mejorando conforme vamos ganando experiencias. Acorde al desarrollo de éstas, vamos construyendo las habilidades secundarias resumidas en socialización –implica el uso de las anteriores para relacionarse con otras personas-. Finalmente, las habilidades de innovación que involucran a todas las demás combinadas y, aún más, desarrolladas. Estas habilidades se representan en la figura 7.

En un nivel más profundo, las habilidades humanas básicas se dividen en:

i) Intuitivas: observación, imitación, instinto de supervivencia, instinto gregario, entre otras.

ii) Emocionales: diferenciación, autoconcepto, empatía, tolerancia a la frustración, motivación y resiliencia, principalmente.

iii) Intelectuales: imaginación, creatividad, comparación, medición, sistematización (clasificar y ordenar), análisis/ síntesis, reflexión, etc.

Las habilidades básicas intuitivas están en cada individuo desde que nace, son la base del aprendizaje en los niños, a partir de ellas se construye todo. Por ejemplo, en la empresa nos permiten observar a las organizaciones mayores o competidores, observar lo que hacen "bien" y cómo lo hacen; permiten imitar a aquellas que son iguales, logrando incursionar y/o competir en los mercados. Como con las personas, el instinto de supervivencia lleva a las empresas a superar los obstáculos y a resolver de forma inmediata y sin grandes cuestionamientos, siempre buscando seguir existiendo y cuidar lo que ya se ha logrado. El instinto gregario, lleva a los individuos –dueños o directivos- en la empresa a seleccionar al personal con quién andar el camino de acuerdo con la visión compartida.

Figura 7. Habilidades humanas y de innovación

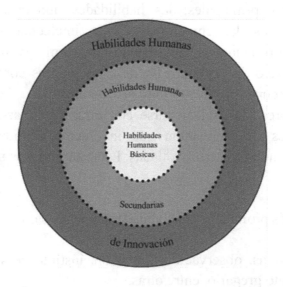

Fuente: Elaboración propia.

Las habilidades intuitivas emocionales son las que permiten a la persona y, por ende, a la empresa una diferenciación, a partir del reconocimiento de límites básicos y del autoconcepto. En la empresa estaríamos hablando de la identidad de la organización, mostrarse de acuerdo quién soy como negocio y reconocer lo que ofrezco a clientes y proveedores, logrando cierta empatía que me permite incrementar el capital relacional. También la empresa requiere de tolerancia a la frustración, motivación y resiliencia, puesto que no siempre salen las cosas a la primera. En la medida en que estas habilidades se desarrollen desde la persona hasta la organización van a intentar una y otra vez nuevas formas de hacer su trabajo.

Las habilidades intuitivas intelectuales implican a la imaginación, a la creatividad. En la empresa involucra la habilidad de encontrar soluciones diferentes e inclusive revolucionarias. Se asocia con la capacidad de comparación, medición y sistematización que permite al negocio clasificar y ordenar la información necesaria para el desarrollo de las diversas funciones que cumple, así como evaluar el riesgo en la toma de decisiones. La habilidad de análisis o síntesis y la reflexión, que lleva a individuos y empresas aprender de sus experiencias identificando áreas de mejora o posibles nuevas maneras de lograr algo.

Cada una de estas habilidades están concentradas tanto en el individuo que labora o es dueño de una micro o pequeña empresa, como en el negocio en su conjunto. En la medida en que se van desarrollando estas habilidades básicas se despliegan también las habilidades secundarias que enfrentan a la persona o empresa a la socialización. Involucran habilidades de interacción con otros; capacidad de comunicarse efectivamente, trabajo en equipo, liderazgo, establecer metas comunes, etc.

Por último hablamos de las habilidades de innovación, que implican tanto a habilidades básicas como secundarias. De acuerdo a lo mencionado en el apartado destinado a la naturaleza de la innovación, tenemos una combinación de habilidades que llevan al individuo o empresa a un proceso que va desde la creación o invención de nuevas ideas, hasta la materialización de las mismas. Las ideas se convierten en realidad aceptada socialmente en los mercados, la empresa combina habilidades intelectuales par a monitorear su evolución, puede reconocer sus capacidades y limitaciones, ha aprendido de los errores, del fracaso, de la incertidumbre y del éxito y es la experiencia de cada paso del proceso y el instinto de supervivencia lo que motiva a buscar nuevas oportunidades creativas que le lleven a seguir creciendo. En este nivel, los individuos en la empresa ahora son capaces de imaginar, de sentir, de organizar, y de ejecutar.

4

DIMENSIONES DE HABILIDADES QUE PROMUEVEN LA INNOVACIÓN

Este manual propone un modelo que permite caracterizar al individuo innovador en las MIPES mexicanas a partir de las habilidades humanas para la innovación. En él se incorporan cuatro dimensiones de habilidades de innovación. El instrumento resultante permite analizar el conjunto de capacidades a nivel individual –atributos internos- en donde los procesos sociales dentro y fuera de las micro y pequeña empresas –interacción entre colaboradores, dueños, clientes y proveedores- constituyen el contexto en el que se generan los procesos de innovación de este tipo de empresas.

El modelo desarrollado se centra en las habilidades del individuo por ser éste la unidad básica de la que surge la innovación. En otras palabras, considera las habilidades de innovación de las personas, agrupadas en cuatro dimensiones o tipos de habilidades: creatividad, emociones, organización y ejecución y mejora. Estas dimensiones o subgrupo de habilidades se asocian con la esencia del proceso completo de innovación al interior de las MIPES.

Se sigue un enfoque sistémico, en el que estas cuatro dimensiones no están aisladas, sino son parte de un todo –el proceso de innovación individual- y se encuentran en interacción. Esta vinculación integral produce nuevas cualidades en el individuo con características diferentes cuando se presenta un cambio en alguna de sus partes –en alguna dimensión de la innovación-. Se reconoce en consecuencia, que esta interdependencia genera un cambio o salto de calidad en las capacidades de innovación a nivel individual cuando alguna o alguna de las habilidades son desarrolladas.

A su vez, cada una de estas dimensiones de habilidades de innovación se compone de un número de variables que permiten caracterizar estas dimensiones. Se parte del supuesto que estos cuatro ejes están "amalgamados" por las habilidades de socialización y auto-confianza y, que se recogen indirectamente en las variables consideradas. Este tipo de habilidades están desarrolladas, como se explicó en el apartado anterior, en todos los individuos por el solo hecho de existir.

Asimismo, todas éstas habilidades permiten a la empresa reconocer oportunidades de negocio, generar e implementar ideas, conceptos, procesos, bienes o servicios nuevos, lo que lleva a mejores resultados económicos.

Así, en la primera dimensión se encuentra el conjunto de capacidades y actitudes asociado con la creatividad (véase figura 8). Este bloque incorpora, a su vez, cuatro variables denominadas proceso creativo, combinar enfoques, construir y destruir y problemas y soluciones. Cada una de ellas se desagrega en determinados aspectos que permiten recoger información respecto al perfil de las habilidades de innovación del individuo vinculadas a la nutrición, valoración y promoción de la creatividad, al pensamiento creativo, a la combinación de enfoques y conexión de ideas, a las variadas formas de solución, a la disposición al cambio, al uso de hemisferios, al análisis del problema y enfoque en solución.

Figura 8. Cuadrante de habilidades de innovación

Fuente: Elaboración propia

Una de las características personales que más se asocia con la innovación es la creatividad. En la literatura existen numerosas definiciones de este término. Por ejemplo, para Amabile (1983) la creatividad es la generación de ideas novedosas útiles y apropiadas para una situación dada. Vernon (1989) señala que es la capacidad de una persona de producir ideas, puntos de vista, invenciones, objetos artísticos, prototipos o reestructuraciones mentales, nuevas u originales, aceptadas por expertos como de interés científico, estético, social o tecnológico. Csikszentmilhalyi (1996) lo define como cualquier acto, idea o p roducto que cambia o transforma el dominio existente por uno nuevo. Carayiannis y González (2003) afirman que es la capacidad de percibir nuevas conexiones entre objetos y conceptos que, en la práctica reordenen la realidad al usar marcos de referencia novedosos que modifican las percepciones. Para Ferrari *et al.* (2009) es la capacidad de cualquier persona de hacer nuevas conexiones, de generar nuevas ideas, de pensamiento divergente, de producir resultados originales y valiosos. En general, se acepta que es una habilidad mental de conceptualizar – imaginar- ideas únicas, inusuales o nuevas, para percibir conexiones originales entre aspectos aparentemente no relacionados.

Por lo anterior, se aprecia que la creatividad, al anteceder a la innovación, se considera un prerrequisito o punto de partida de ésta. En este sentido, la creatividad se diferencia de la innovación en el enfoque. La primera se centra en liberar el potencial de la mente para concebir nuevas ideas, son experimentos mentales, es subjetiva. En contraste, la innovación se relaciona con la introducción de un cambio en un sistema más amplio y relativamente estable. Se asocia con el trabajo necesario para hacer una idea viable.

Así, por ejemplo cuando una persona –u organización- identifica una necesidad insatisfecha pueden emplear sus recursos creativos para diseñar una solución innovadora y apropiada tal que le permita obtener un beneficio. En consecuencia, la creatividad es un bloque esencial de la innovación, lo que se refleja en la definición ampliamente aceptada de innovación en la que es igual a la creatividad más la implementación (Anderson *et al.*, 2004).

Un aspecto central de la creatividad es que si bien hay personas más creativas que otras en ciertas áreas, se considera no como algo meramente innato, sino que es vista como una habilidad humana que puede desarrollarse (Cohen, 2000) a través del entrenamiento y creando un ambiente adecuado (Amabile *et al.* 1996).

De este modo, si se considera que la creatividad es el proceso en el que la mente enfrenta un problema para generar una idea, concepto, noción, esquema o modelo, siguiendo convenciones nuevas o relativamente nuevas, en el que se requiere análisis, reflexión y acción, que producen un cambio a nivel imaginación, experimentación y acción individual y organizacional, entonces, el individuo creativo tiene actitudes, habilidades, y comportamientos necesarios para generar ideas que permitan resolver problemas basado en soluciones de mayor alcance, cuando:

En el proceso creativo:
- Comunique nuevas ideas y soluciones valiosas basado en un pensamiento creativo y con confianza en sí mismo;
- Practique técnicas de creatividad que nutran esa creación de ideas; [13]
- Valore la creatividad puesto que cualquier tipo de aportación o idea tiene potencial de utilidad;
- Promueva la creatividad al escuchar e intercambiar opiniones respecto al trabajo, compartiendo información y experiencia, basado en la confianza.

En el proceso de combinar enfoques:
- Realice cosas diferentes para despejar la mente, siguiendo caminos alternativos, explorando mentalmente las cosas, realizando paseos por alrededores y ambientes distintos;
- Trabaje conectando ideas o temas con o sin relación aparente, por lo que busca romper el molde al abordar desafíos pensando desde otras ópticas, atravesando por procesos abiertos en los que cruza diversos ámbitos del conocimiento;
- Explore alternativas en la forma de actuar, esto es, es abierto a nuevas ideas.

---

[13] Existen diversas técnicas de creatividad, individual y grupal, que estimulan la generación de ideas y su evaluación, por ejemplo, análisis morfológico –descomposición de un concepto o problema en sus elementos esenciales-; lluvia de ideas –verbal o escrita-; creación en sueños –bajo el descanso adecuado el inconsciente puede producir ideas valiosas-; exploración del problema mediante preguntas y, particularmente el "por qué"; galería de famosos –en la que se obtienen ideas valiosas a partir de un objetico citando ideas de personaj es famosos, entre otras.

En el proceso de construir y destruir.

- Muestre alta iniciativa, buscando conexiones distintas en sus actividades diarias;
- Piense en cómo mejorar la actividad en la que se desempeña, reflejando alta disposición al cambio, por lo que sigue y sugiere opciones alternativas, siempre tomando riesgos apropiados.

En el curso problema-solución:

- Aplique balanceadamente la lógica y la intuición como herramienta para generar y proponer ideas nuevas y valiosas, puesto que, de acuerdo con Goleman (1996), las habilidades y destrezas ligadas al hemisferio derecho, son tan necesarias para alcanzar logros y emprender desafíos como aquellas ligadas al hemisferio izquierdo de raciocinio;
- Analice diversos aspectos del problema para encontrar soluciones de mayor alcance que sobrepasen meramente la solución de corto plazo del problema. En este proceso, el individuo consulta procesos, formula problemas y concreta focos creativos, cuestiona y desafía la forma en que opera más allá de la zona de confort, observa y escudriña fenómenos comunes, va del problema a solución, muestra señales de inconformismo y busca constantemente la mejora individual y de las acciones, fomenta la curiosidad y hace pregunta abiertas, reconoce fortalezas y debilidades propias y ajenas

En la dimensión de creatividad, la interrelación de las variables contribuye a enriquecer el punto de vista individual y propician la creatividad y aprendizaje de la organización al relacionar hechos, ideas, nociones, etc., formular propuestas y conclusiones, diseñar mapas conceptuales base para construir y destruir acciones, hechos, ideas y modelos. La administración de la creatividad y es esencial porque cuando los individuos se adaptan gradualmente a sus ambientes no creativos su conciencia de necesidad y umbrales de acción disminuyen.

En el segundo bloque, se tienen a las habilidades emocionales que se dividen en cinco variables; valorar el error, riesgo y tolerancia, incertidumbre, relaciones humanas y compromiso. Éstas se desagregan, a su vez, en aspectos como aprender del fracaso, persistencia, actitud ante el riesgo y la incertidumbre, miedo al fracaso y al éxito, resiliencia, relaciones humanas, empatía, comunicación, satisfacción laboral y responsabilidad.

Si bien todas las personas experimentan emociones, no existe consenso respecto a la definición de lo que son o cómo pueden medirse. No obstante, hay dos enfoques para comprender la naturaleza de las emociones. Por un lado, se entienden como juicios acerca del grado en que la situación actual se adapta a la situación esperada.[14] Por el otro, las emociones son consideradas como percepciones de cambios en el cuerpo como frecuencia cardíaca y respiratoria, transpiración y niveles hormonales.[15] Desde una visión integradora, puede decirse que las emociones son experiencias subjetivas conscientes, que se caracterizan por expresiones psicofisiológicos, reacciones biológicas y estados mentales; es decir, incluyen tanto componentes físicos como mentales.

Las emociones o sentimientos se relacionan directamente con el humor o estado de ánimo. Las primeras son reacciones a un evento particular usualmente de corta duración. Mientras que el estado de ánimo se refiere a un sentimiento más general.

No obstante, dado que los seres humanos somos criaturas emocionales y sociales, se acepta que emociones y estados de ánimo son una

---

[14] Así, por ejemplo, la felicidad se alcanza cuando un individuo satisface las metas planteadas. De la misma manera, si las metas no se satisfacen se presenta un grado de tristeza. La ira resulta de la evaluación de todo aquello que obstaculiza el logro de las metas individuales.

[15] En esta perspectiva, la felicidad es una especie de percepción fisiológica, no una valoración, y emociones como la tristeza o la ira son reacciones mentales a diferentes tipos de estados fisiológicos.

constante por lo que en este documento se asumen como elementos que influyen de la misma manera en el proceso de innovación individual, haciendo referencia a experiencias como amor, odio, ira, confianza, miedo, alegría, dolor, frustración, ansiedad, etc. Por ende, la función de las emociones es movilizar el organismo para reaccionar rápidamente ante eventos, personales o no, permitiendo encontrar salidas a dichas situaciones.

De este modo, la literatura reconoce la relación entre emociones y creatividad e innovación. Por ejemplo, Chodrow (2006) argumenta que la imaginación y creatividad activas son el mismo proceso que implica la expresión y transformación de las emociones.[16] Aún más, a diferencia de la creatividad, que es primariamente un proceso cognitivo individual, para la innovación las emociones son críticas puesto que implica la implementación de ideas a un nivel individual, grupal y organizacional, en la que frecuentemente se enfrenta l a resistencia al cambio y otras barreras emocionales que involucran emociones negativas como frustración, ansiedad y enojo (Farr y Ford, 1990).

Se ha demostrado una ambivalencia de las emociones positivas y negativas sobre la innovación, esto es, se reconoce que las experiencias simultáneas de estados de ánimo positivos y negativos se asocian directamente con la creatividad e innovación (Fong, 2006; Fredrickson 2001). Así, se reconoce a las emociones o estado de ánimo positivos como facilitadores del pensamiento creativo e innovador, de la resolución de problemas –no lineales-, de la intuición y de la percepción de opciones (Amabile *et al.*, 1996; Estrada *et al.*, 1994; Madjar *et al.*, 2002; Jung *et al.*, 2008; Caruso y Salovey, 1990).[17] En contraste, las emociones negativas –y no por ello malas- se

---

[16] Diversos enfoques psicológicos reconocen que las emociones y creatividad están entrelazados en el mismo proceso (Jung, 1912).

[17] Para Fredrickson (2001) las emociones positivas tienden a crear un espiral ascendente en emociones y resiliencia.

asocian más con procesos de lanzamiento de proyectos, búsqueda de problemas, de críticas, de elementos precisos y de juicio y detalles.

Además, se acepta que las emociones, su reconocimiento –en uno mismo y los demás- y su manejo en las relaciones, afectan al sistema completo. Esto es, en la medida que los individuos se percaten de su relevancia y actúen en consecuencia, las emociones pueden convertirse en un factor poderoso de innovación.

A partir de lo anterior, el individuo emocional tiene actitudes, habilidades, y comportamientos que contribuyen al proceso de generación de ideas y su aplicación práctica en la medida que:

En el proceso de valor el error:
- Aprenda del fracaso, considerando que las experiencias de vida y trabajo son aprendizajes útiles; en consecuencia, no penaliza los errores, aprende de la experiencia y valora el error como estímulo de lo diferente;
- Realice varios intentos hasta lograr lo planteado, si es el caso mediante esfuerzos extraordinarios, es decir, sea persistente.

En el ciclo riesgo-tolerancia:
- Asuma actitudes favorables ante situaciones inciertas o de riesgo, por lo que ante éstas no se ve limitado por el miedo y realiza las acciones necesarias para lograr sus objetivos, basado en la reflexión y toma de riesgos apropiados;
- Muestre seguridad ante el fracaso, esto es, se sienta bien asumiendo más responsabilidades laborales.

En momentos de incertidumbre:
- Sea resiliente, lo que implica que cuando las situaciones son complicadas sigue trabajando, a partir de imaginar un futuro donde riesgo e incertidumbre pagan una recompensa;

- Conozca y controle sus miedos, lo que significa que el miedo no lo detiene o limita; así al enfrentar retos importantes nada paraliza sus acciones.

En las relaciones humanas:
- Comparta con otras personas diferentes aspectos de la vida, por lo que crea relaciones recíprocas basadas en conocimientos y experiencias variadas dentro y fuera de la organización;
- Sea empático;
- Se comunique asertivamente con las personas que le rodean.

En momentos de presión y compromiso:
- Cumpla cabalmente con sus responsabilidades, dado que muestra prácticamente una obligación contraída;
- Se sienta satisfecho con la actividad principal que realiza en su trabajo, a partir del compromiso y constancia.

En la dimensión de emociones, la interrelación de las variables contribuye a construir relaciones recíprocas basados en la comunicación efectiva, a aceptar fallas y propiciar aprendizaje, a conocer y controlar las emociones y, particularmente, el miedo y, en general, a que el individuo sea tenaz y con iniciativa.

En el tercer bloque de habilidades de innovación se resumen las relacionadas con la organización en tres variables, visión de futuro, planeación y liderazgo. Un conjunto de diez aspectos conforman estas variables, a saber: prevención, visualización, análisis de resultados, conocer y usar los recursos disponibles, capacidad de establecer metas, sistematización, priorización, autoridad legítima, capacidad de motivación y trabajo en equipo.

La noción de organización se centra en las capacidades a nivel personal en un contexto en el que el individuo interactúa con otras personas, dentro y fuera de la empresa. Se entiende como el conjunto

de actividades o tareas individuales o grupales necesarias para c
oordinar, disponer, arreglar u ordenar los recursos disponibles y
alcanzar objetivos establecidos. Por ende, la organización, como
actividad, resulta en un sistema, formal o informal, orientado al logro
de metas específicas. En este contexto, se asume que la organización
individual o grupal permite avanzar en el proceso de innovación, una
vez que se tiene una idea, bien, proceso o servicio prototipo.

Esta concepción de organización se asocia con la gestión para la
innovación en la empresa,[18] lo que se realiza siguiendo determinadas
normas, formales o no, a través de las personas, por lo que, las
habilidades de organización a nivel individual son indispensables
para llevar ordenadamente este proceso de forma coordinada con las
variadas acciones de otras personas. Por tanto, el proceso innovador
exitoso de las MIPES depende no solo de individuos creativos y
emocionales, sino de las habilidades de organización a nivel individual
(Bharadway y Menon, 2000).

Al respecto, en las actividades normales de los individuos en las
MIPES constantemente deben resolverse problemas y relacionarse
con otras personas con objetivos comunes – individuales o de la
organización-. Por tanto, análogamente al proceso administrativo
básico, en el proceso de innovación, los individuos, en algún grado,
cumplen cuatro funciones: planear, organizar, coordinar y controlar.
Específicamente, para la innovación se siguen funciones como
optimizar, socializar, evaluar, monitorear, mejorar, entre otras. Esto
implica que las habilidades de organización para la innovación
subyacentes en los individuos se asocian con la visión de futuro,

---

[18] Se entiende a la gestión de la innovación como el proceso orientado
a organizar y dirigir los recursos disponibles –humanos, técnicos y
económicos- con la intención de crear de nuevos conocimientos, generar
ideas que permitan obtener nuevos bienes, procesos y servicios o mejorar
los existentes, y transferir esas mismas ideas a las etapas de fabricación y
comercialización, según sea el caso.

planeación, gestión y control, trabajo en equipo, motivación, priorización, y sistematización, principalmente.

Estas habilidades contribuyen a crear atmosferas favorables para la innovación al darle sentido y magnitud a las acciones individuales y grupales y propiciar niveles de motivación adecuados a cada lugar de trabajo. De esta forma, el individuo "organizacional" tiene actitudes, habilidades, y comportamientos necesarios para generar ideas y organizarlas al interior de la empresa, cuando:

En la práctica de la visión de futuro:
- Visualice posibles cambios y sus consecuencias en el trabajo; es decir, sea capaza de prevenir para actuar enseguida;
- Imagine y comparta con otros situaciones de largo plazo; visualizando así situaciones y logros individuales y de la organización;
- Observe ventajas y desventajas de los posibles escenarios, a partir del análisis crítico de situaciones e imaginando posibles secuencias de eventos.

En el proceso de planeación:
- Considere todos los recursos a su alcance para el logro de los objetivos; lo que implica conocer los recursos de todo tipo disponibles a la empresa y usar aquellos más adecuados;
- Identifique con relativa facilidad las metas a las que quiere llegar, estableciéndolas como tales y comprometiéndose para alcanzarlas;
- Reconozca los pasos a seguir para cumplir dichos objetivos, fijando una sistematización de actividades tanto a nivel individual como grupal;
- Priorice, es decir, que planee las actividades según la importancia en cada caso.

En el proceso de liderazgo:

- Establezca una autoridad legítima, esto es, que se gane la confianza de las personas en él y en sus decisiones;
- Sea capaz de motivar a sus compañeros de trabajo, al contagiarlos de ideas, acciones y emociones favorables;
- Construya buenas relaciones con los equipos de trabajo en los que participa, logrando su funcionamiento.

En la dimensión de organización, la interrelación de las variables fomenta que el individuo sea capaz de comprender los cambios –percibir tendencias- que afecten a la empresa, de proyectar una visión del negocio, de fijar metas, caminos y prioridades –planeación sistémica-, de organizar y clasificar, de establecer relaciones en las que se acepten idea s basadas en la comunicación y empatía, de couchear y empoderar a compañeros, adoptar y promover el "yo puedo, tu puedes, la empresa puede", de contagiar valores, de delegar responsabilidades. En general, este tipo de habilidades favorecen la gestión del p roceso innovador desde cualquier nivel jerárquico del individuo.

Finalmente, la cuarta dimensión, de ejecución y mejora, agrupa tres variables –acción, implementación y monitoreo-. Los aspectos incluidos se refieren a la disposición a la acción, mejora continua, hábito de probar y experimentar, implementación, delegar, conciencia de comprobación y monitoreo.

Respecto a la primera variable, en el proceso de innovación, no basta que el individuo en la MIPE tenga ideas creativas o emociones balanceadas, se requiere transformarlas en acción. Asimismo, planear la innovación pierde significado si no se ejecuta la innovación. Si la creatividad representa el hecho de generar nuevas ideas, la implementación es el proceso de poner esas ideas en práctica. Por tanto, llevar a la práctica la innovación se convierte en prioridad para la empresa.

La implementación consiste en tres aspectos: selección de la idea, desarrollo y comercialización, en la que se requieren procesos, estructuras, normas para la ejecución efectiva de los proyectos. Las habilidades de implementación al igual que de organización, a diferencia de las habilidades creativas y emocionales, tienden a emplearse más en equipos de trabajo.

En este sentido, el comportamiento de las personas respecto a la innovación depende de sus percepciones y creencias de lo que deben hacer para alcanzar los resultados esperados (Van de Ven *et al.*, 1999). Por ende, en un escenario caracterizado por la incertidumbre, las habilidades individuales asociadas con la acción resultan críticas para romper con las limitaciones auto-impuestas y alcanzar, en consecuencia, una verdadera innovación. Aún más, al vencer estas barreras los presuntos límites se convierten en invitaciones a la acción, lo que implica la existencia de un círculo virtuoso acción-innovación-acción.

Adicionalmente, las personas deben ejecutar la innovación de forma ordenada, esto es, poner en funcionamiento el "plan de acción" para llevar la innovación al mercado y monitorearlo. La implementación resulta imperativa puesto que sin ésta, el proceso de innovación se rompe provocando que no se cumplan los beneficios esperados de ésta –crear una ventaja competitiva reflejada en ventas, por ejemplo- (Klein y Knight, 2005). Lo que refleja no el hecho que falle la innovación en sí, sino la implementación de la misma –por cuestiones ligadas a la creatividad, emociones y organización-. La implementación de la innovación es pues un desafío para la empresa que depende de las habilidades del individuo para la ejecución y mejora de la misma.[19]

---

[19]   Siguiendo a Klein y Sorra (1996), la implementación es el portal entre la decisión de adoptar la innovación y el uso rutinario de la innovación; esto es, el periodo de transición durante el cual los individuos logran familiarizarse –conocer sus características y beneficios y comprometerse con su uso -con dicha innovación.

Al respecto, siguiendo el recuento de Klein y Knight (2005), de los problemas en la implementación de la innovación, puede decirse que en el caso de las MIPES este proceso se dificulta porque: i) las innovaciones son poco viables, de bajo interés o mal diseñadas; ii) las innovaciones pueden requerir habilidades extras de los usuarios –por ejemplo, un forma distinta de acomodar el local puede desagradar o dificultar el acceso a los productos complicando la relación con el comprador- lo que impacta en la satisfacción del cliente; iii) el mercado de destino es en general reacio a la innovación dado que frecuentemente disfruta confort en el estatus quo previo y muestra, además, escepticismo respecto a los méritos de la innovación; iv) algunas innovaciones requieren que las personas –dentro o fuera de la empresa– cambien sus roles, rutinas y normas, implicando mayor coordinación de sus actividades y reconfiguración de jerarquías; v) en muchos casos, la implementación implica el uso de recursos – humanos, técnicos, financieros y temporales- lo que puede afectar las ventas y el rendimiento de la empresa;[20] vi) existe una brecha entre el "saber y hacer", esto es, aun cuando los individuos en una organización acepten que un determinado cambio trae beneficios no logran concretar las acciones necesarias;[21] una implementación sostenida requiere de su constante monitoreo, lo que implica nuevamente recursos y compromiso de los individuos para aceptar fallas y realizar mejoras rápidamente.

En muchas ocasiones, el resultado, desafortunado para las empresas, es la falla tanto en la adopción como en la implementación y, por

---

[20] Dueños o colaboradores en las MIPES pueden preocuparse más por mantener los niveles previos de ventas que invertir recursos en una innovación –por pequeña que sea- pudiendo afectar dichos niveles en el corto plazo.

[21] Entre las distintas razones están que los individuos se apegan rígidamente al pasado, temen represalias por sugerir cambios significativos o audaces o por sustituir la palabra por la acción (Pfeffer y Sutton, 2000).

tanto, en la realización de los beneficios potenciales de la innovación. Para implementar con éxito la innovación se requieren de habilidades de ejecución y mejora a nivel individual, que sienten bases para coordinar esfuerzos e intereses de los colaboradores a nivel operativo. Por tanto, el individuo "operativo" tiene actitudes, habilidades, y comportamientos que permiten llevar de fo rma ordenada y supervisada las innovaciones, cuando:

En el proceso de acción:
- Lleve efectivamente a la práctica las ideas, esto es, muestre una disposición y compromiso con el cambio y acción;
- Para mejorar ponga en acción las ideas, lo que implica seguir procesos de mejora continua;
- Realice pruebas y experimentos que le permitan evaluar las ideas creativas, constituyéndose esta práctica en un hábito.

En el proceso de implementación:
- Lleve al cabo las ideas de forma ordenada y sistematizada;
- Asigne tareas a los demás para el logro de los objetivos, permitiendo delegar responsabilidades y tareas.

En el proceso de monitoreo:
- Conozca las formas de verificar el éxito de sus acciones, lo que significa una conciencia de comprobación;
- Revise los resultados de las acciones realizadas para mejorar, mediante un proceso de monitoreo que, en última instancia, le proporciona mayor información para la toma de decisiones.

En la dimensión de ejecución y mejora, la interrelación de las variables implica que el individuo sea capaz de anticipar acciones, que sea pragmático, que visualice y haga visible los cambios, que aprenda de la acción, que tome decisiones y haga recomendaciones, que cree prototipos o realice pruebas distintas para lanzar alguna innovación, que evalúe las decisiones para asegurar el cumplimiento de los estándares y que verifique si las soluciones funcionan.

De esta manera, la relación entre dimensiones –y las variables en cada bloque– es esencial para el individuo innovador integral. Los individuos pueden tener habilidades más desarrolladas en alguna área que en otras, lo que impacta en cierto grado en el proceso de innovación completo. Por ejemplo, una persona puede ser muy creativa pero puede mostrar habilidades operativas -de ejecución y mejora- relativamente limitadas que le impiden la implementación adecuada de sus ideas. Alternativamente, una persona con notables habilidades emocionales –valor el error, por citar alguna variable– puede propiciar una innovación de mayor alcance cuando sus habilidades de liderazgo –organizacionales– se encuentren en estadios avanzados. Relaciones similares se encuentran entre todas las habilidades humanas y de innovación descritas arriba.

Adicionalmente, la importancia de las cuatro dimensiones radica en que mediante su interrelación, basados en la socialización y auto-confianza del individuo, las capacidades individuales de innovación se potencializan y, en consecuencia, se logra mejorar el proceso de innovación al interior de las MIPES. Aún más, desde una perspectiva sistémica, el desarrollo de estas habilidades a nivel individual afecta no sólo el funcionamiento general de la organización, sino de la economía como un todo. La posibilidad de este cambio en el sistema puede percibirse si se considera que las MIPES representan el 99% de las empresas en el país.

En este punto, la combinación de las habilidades de creatividad, emocionales, de organización y de ejecución y mejora permite procesos de innovación individual y empresarial "cortados a la medida", a partir del juicio y uso adecuado de recursos y necesidades en cada situación particular. Así, el comportamiento innovador de los colaboradores en las empresas depende del uso balanceado de cada habilidad en cada situación específica a partir de una base de socialización y confianza que contribuyen a darle sentido a las ideas, emociones, planes y acciones de los individuos para la innovación.

Además, para Freemann y Soete (1997) la cadena de inventos desde la invención o especificación a la aplicación social es larga y peligrosa. Aquí, el espíritu empresarial es crucial. Para Schumpeter (1976) la decisión del emprendedor de comercializar una invención es el paso decisivo y define al emprendedor como innovador.

Este modelo de cuatro dimensiones permite proponer y calcular un Índice General de Habilidades de Innovación del Individuo (IGHII) que es la base para describir la realidad del conjunto de capacidades y actitudes de los individuos, dueños y colaboradores, en las micro y pequeñas empresas mexicanas.

De este modo, el IGHII se estructura en cuatro subíndices de habilidades, a saber: de creatividad (IHC), emocionales (IHE), de organización (IHO) y de ejecución y mejora (IHEM). Estas dimensiones se concretan a partir de una exhaustiva revisión bibliográfica, teórica y práctica, a nivel mundial. Cada uno de estos bloques se desagrega, primero, en un número determinado de variables y, después, en ciertos aspectos considerados esenciales para el proceso individual de innovación. Estas dimensiones se estructuran en el cuad rante de habilidades de innovación del individuo (véase figura 8).

En total, el IGHII está conformado por cuarenta subíndices que busca describir el estado actual de un conjunto de habilidades de innovación del individuo. Así, el nivel de desarrollo de cada aspecto y la relación entre ellos, determina la capacidad agregada individual para la innovación. Aún más, estos aspectos permiten caracterizar integralmente al individuo innovador en las MIPES mexicanas. En consecuencia, el índice general condensa características innovadoras del individuo. La forma de calcular el IGHII para los individuos se presentan en el anexo A.

4.1 Cuestionario para evaluar habilidades de innovación del individuo.

El índice propuesto para evaluar las cuatro dimensiones de habilidades de innovación se puede obtener mediante la aplicación de un cuestionario conformado por cuarenta preguntas que evalúan aspectos relacionados con las habilidades de innovación.

Se reconoce, tal como lo hace la OCDE (2005), que la medición de las capacidades individuales de innovación resulta complejo puesto que implica cuantificar un conocimiento que está incorporado directamente en el cerebro de las personas. No obstante, dado que mediante un cuestionario con escala tipo Likert se pueden medir actitudes y comportamientos relativos a la innovación de los individuos que responden,[22] es posible medir las habilidades de innovación a nivel individual.

Así, dado que el cuestionario puede ser aplicado en giros, ambientes laborales y situaciones distintas, se formuló un listado de preguntas cerradas, estandarizadas y estructuradas que recopilan datos útiles para medir el estado actual del individuo en cuanto a los cuarenta aspectos considerados en el IGHII.

El cuestionario incluye tres tipos de preguntas: de hecho –relacionadas con aspectos concretos reconocidos como algo que ha sucedido en el contexto cercano del encuestado; de acción –vinculado con las

---

[22] Siguiendo a Eagly y Chaiken (1993), las actitudes son la predisposición aprendida para responder, a favor o en contra, de una manera consistente ante un objeto o símbolo. Dos propiedades de las actitudes que forman parte de la medición son la dirección (positiva o negativa) e intensidad (alta o baja).

acciones realizadas por el individuo que recoge datos sobre alguna capacidad del mismo; hipotéticas –para investigar la respuesta de un individuo en una determinada situación. Cabe señalar que las preguntas son en batería, puesto que están encadenadas y se complementan, como parte de las dimensiones consideradas en el IGHII.

En lo que se refiere a la redacción, se emplea un lenguaje simple y directo –evitando tecnicismos- para la mayor comprensión posible de la persona que contestaría y disminuir las malas interpretaciones. Asimismo, el cuestionario se diseñó para que el encuestado lo conteste de forma individual por escrito con intervención mínima de quien lo aplica.

La utilidad del cuestionario es que permite obtener un índice de habilidades de innovación, así como un subíndice para cada dimensión, creatividad, emocional, organización y ejecución y mejora. De esta forma, es posible detectar la dimensiones en la que el individuo que labora o lidera una micro o pequeña empresa, es experta y aquellas en las que requiere desarrollar más habilidades.

4.2 Perfil del individuo innovador en las MIPES mexicanas

El perfil del individuo innovador en las MIPES mexicanas se crea considerando tanto los resultados del IGHII –a partir de más de 900 cuestionarios- como del análisis de contenido de más de 700 entrevistas. Respecto al primero, se identificaron diez aspectos en los que el total de individuos que contestaron el cuestionario muestra fortaleza y diez aspectos en los que refleja debilidades.

Considerando las primeras, es posible señalar que los individuos que laboran en micro y pequeñas empresas mexicanas son expertos en aprender del fracaso, en ser persistentes y resilientes, en tener un alto sentido de responsabilidad y un buen grado de satisfacción laboral, en valorar la creatividad, en tener una buena actitud ante la incertidumbre, son capaces de conocer y utilizar los recursos que tienen disponibles, en analizar las situaciones y los problemas con un enfoque en solución.

Como principales debilidades o temas que requieren ser desarrollados se identific a el aprender a delegar, el nutrir la creatividad con el uso de técnicas específicas, la visualización, vencer el miedo al éxito, la empatía, el hábito de probar y experimentar, la actitud ante el riesgo, el aprender a combinar enfoques, a tener iniciativa para el cambio y a utilizar ambos hemisferios.

Cabe señalar que más de la mitad de las fortalezas corresponden a la dimensión emocional y el resto a la dimensión creativa y de organización. No se muestran fortalezas en la ejecución y mejora. En el caso de las debilidades, un 40% se concentran en la dimensión creativa, y 20% en cada dimensión restante.

Asimismo, en cuanto a las dimensiones de la innovación individual, se encuentra que la creatividad es altamente valorada pero no se le nutre con actividades específicas en las empresas. Se aprecia que el individuo tiende a conectar ideas y muestra variadas formas de solución pero la combinación de enfoques es débil. Se halla una disposición al cambio, sin embargo falta iniciativa para el cambio. También se analizan los problemas enfocados a la solución mientras presentan una relativa carencia de uso de ambos hemisferios cerebrales que contribuirían a soluciones más equilibradas y prácticas.

Al considerar las respuestas vertidas en las entrevistas, es posible complementar el perfil del individuo innovador, puesto que permite conocer la importancia que el individuo le da a cada dimensión. De este modo, el 87% de las personas que contestaron le dan a la creatividad una importancia media-alta en sus actividades dentro del negocio. Aún más, la industria se concentra en mayor grado en aplicar la creatividad para innovar en productos; mientras que el sector comercio utiliza más la creatividad para innovar en imagen del negocio y, servicios tiende a ser más creativo en el servicio al cliente.

En la dimensión de habilidades emocionales se tiene que un 83% de los entrevistados aceptan que hay relación entre la habilidad emocional y la creatividad e innovación. Considerando las variables en esta dimensión se aprecia que en compromiso se tiene una alta responsabilidad y mediana satisfacción laboral, en la variable valorar el error se encuentra alto aprendizaje del fracaso y media persistencia, la variable que evalúa las relaciones humanas se encuentra en un nivel adecuado junto con buena comunicación asertiva, sin embargo es necesario trabajar la empatía. Para la variable de incertidumbre se distingue un buen nivel de resiliencia, aunque falta desarrollar habilidades que permitan enfrentar el miedo al éxito. Por último, para el riesgo y tolerancia, se muestra buena actitud ante la incertidumbre y miedo al fracaso y se está abajo en la actitud tomada ante el riesgo. Hay que agregar que se detectó una creencia común en esta dimensión. Así, los individuos en las MIPES creen qu e no es adecuado mostrar emociones y llevarlas al trabajo, principalmente por las consecuencias que puede tener con los clientes, lo que en principio, parece representar un candado a la innovación.

En la dimensión de habilidades de organización, se tiene que el 92% de los entrevistados consideran que ésta tiene una importancia de media a alta dentro del negocio. Por variable, en liderazgo se aprecia un adecuado nivel en la autoridad legítima y trabajo en equipo, mientras que falta por mejorar la capacidad de motivación. En la variable planeación se tiene un buen nivel de sistematización, conocimiento y uso de recursos disponibles y la priorización y capacidad de establecer metas. La última variable de esta dimensión, la visión a futuro es la que se evalúa menos desarrollada. Aunque hay alto análisis de situaciones y adecuada prevención no se fortalece la visualización de la meta.

En el caso de la dimensión de ejecución y mejora, los individuos innovadores mexicanos expresan que conocen cómo verificar el éxito de sus acciones y cómo monitorear para mejorar. En el caso de la variable "llevar a la acción", se tiene que aunque se presenta buena disposición a actuar y a la mejora continua, es necesario fortalecer el hábito de probar y experimentar. Por último, en la variable "implementación" hay capacidad para llevar a la acción las ideas con orden, pero es importante desarrollar habilidades que permitan delegar a otras personas tareas y responsabilidades. En esta dimensión, el análisis de las entrevistas , muestra que los individuos tienen la creencia de que para poner en práctica las ideas es necesaria una variedad de cualidades y actitudes como: la experiencia, apoyo de amigos y familiares, compartir con otros los proyectos, no tener miedo al fracaso, confianza e n sí mismo, organización y planeación. Estas respuestas confirman que para las MIPES existe interrelación de los elementos considerados como habilidades de innovación en este documento.

Un resultado que llama la atención es la fortaleza en valorar la creatividad en comparación con la debilidad en nutrir la creatividad. El individuo innovador en México le da valor a la creatividad, sin embargo no estimula un ambiente creativo utilizando técnicas para desarrollarla en el negocio. Este resultado está en línea con Mueller *et al.* (2012), donde comprueba que se tiene un cierto rechazo a la creatividad cuando los participantes enfrentan la incertidumbre o riesgo. De acuerdo con los autores, la incertidumbre y riesgo interfieren en la habilidad para reconocer ideas creativas lo cual dificulta aceptar ideas o enfoques nuevos. Así, aun cuando la creatividad es deseada para fomentar la innovación en las empresas existe un rechazo a ideas creativas derivado de la aversión a la incertidumbre y/o riesgo.

En este sentido, se considera importante que aquellos que se encuentren en procesos de innovación estén conscientes que van a utilizar en alta medida la habilidad de tratar con la incertidumbre y el riesgo. Es necesario reconocer que los procesos de innovación, por simples que parezcan, implican un cierto grado de tensión debido a que se está abandonando la zona de confort con resultados inciertos. Es importante que en las micro y pequeñas empresas directivos y dueños reconozcan que trabajar el riesgo e incertidumbre favorece la motivación para la innovación en su empresa.

Otra debilidad relativa encontrada es la iniciativa al cambio. Los individuos innovadores en las MIPES en México están acostumbrados a cambiar e innovar ante circunstancias que los obliga a hacerlo. Además, han desarrollado fortalezas para atender problemas enfocándose en la solución, son expertos en aprender del fracaso, en ser persistentes y resilientes. Una mejora en las habilidades necesaria es el aprender a mantenerse alerta a todo el sistema que involucra a las micro o pequeñas empresas, buscar situaciones de mejora o aprendizaje. El cambio puede buscarse dentro de la empresa o gestionarlo desde afuera antes que las circunstancias obliguen a cambios con experiencias desgastantes.

PARTE 2

PARTE 2

5

DESCRIPCIÓN DEL TALLER PARA DESARROLLAR HABILIDADES DE INNOVACIÓN EN EL INDIVIDUO EN LAS MIPES MEXICANAS

Una vez revisados los pilares teóricos del proyecto –la Teoría General de Sistemas, el capital humano, la naturaleza de la innovación, y la propuesta de este proyecto para diagnosticar y desarrollar habilidad de innovación–, es necesario plantear una metodología didáctica específica, que sirva de guía para aquellos responsables de impartir un taller que busque desarrollar dichas habilidades.

Cabe señalar que cada participante es responsable de su propio proceso de aprendizaje, es él quien construye la noción y adapta el conocimiento a sus necesidades específicas, nadie puede hacer esa tarea por él. Con esto decimos que la persona activa el interés, el deseo a incorporar conocimientos nuevos por lo que la enseñanza se enfoca en las diversas opciones que una persona pueda tener para realizar dicha incorporación, o sea, a partir de sus capacidades.

Además, como este nuevo conocimiento queda integrado en la persona, se requiere seguir practicando dichas actividades para reforzarlas, así como su socialización y asimilación en la empresa, tal que se aplique y difunda el conocimiento tácito para una orientación estratégica de la innovación a partir de los micro y pequeños empresarios y sus trabajadores.

5.1. Métodos de trabajo y recomendaciones

5.1.1 ¿Por qué utilizar técnicas sistémicas?

En el capítulo dos se habló de los aspectos principales del enfoque sistémico; se explicó que la realidad es mucho más compleja de lo que se había pensado por muchos años, sabemos ahora que para analizarla debemos estar preparados para las ambigüedades y visión en círculos, habilidades que se necesitan desarrollar como pensadores sistémicos.

Estas habilidades permiten a los integrantes de un negocio auto-observarse estrechamente vinculados con lo que ocurre en los mercados o sectores, con sus clientes y colaboradores; ahora se observan completamente conectado con todo el mundo. Este tipo de pensamiento, permite a la empresa centrarse en una dinámica de aprendizaje constante y sobretodo de aceptar que la realidad es modificable y que los individuos y grupos tienen mucho que aportar en este proceso de mejora.

Es importante recordar que el aprendizaje es un elemento central del pensamiento sistémico en las empresas. A través del aprendizaje nos capacitamos y desarrollamos habilidades para hacer algo que antes no considerábamos posible. A través del aprendizaje los individuos y las empresas están ampliando su capacidad para crear, para innovar. En estricto sentido, este manual presenta técnicas para detonar en las personas que trabajan en las empresas un proceso de aprendizaje propio, que les permita desarrollar precisamente las habilidades que necesitan en alguna situación particular.

El aprendizaje se da cuando la persona, como elaborador de su propio conocimiento, relaciona las ideas y les da un sentido a partir de la experiencia conceptual que ya posee. Es decir, se crean nuevos conocimientos a partir de los ya adquiridos. Esto puede ser por descubrimiento o recepción y se construye por interés y deseo. Otra forma de incorporar nuevos aprendizajes se da a partir de ideas que se relacionan con las ya adquiridas.

La persona selecciona y organiza las informaciones que el facilitador ofrece, por lo que la variedad de opciones está seleccionada y organizada de tal manera que sean diversas, lúdicas y que se van enriqueciendo cada vez que se implemente o asista al taller.

El contenido de los ejercicios que propone este manual es fáctico a fin que la persona sea capaz de incorporar lo que le es significativo a su realidad. A través de la se lección de material relevante, esta realidad es tomada tanto de los resultados del trabajo de campo de la investigación, es decir, a partir de lo dicho por empresarios y colaboradores, como de la organización del taller que le permita a la persona, además de la incorporación de nuevo conocimiento, la posibilidad de relacionarlo con soluciones inimaginables, con la finalidad de tener opciones para innovar.

Estas condiciones hacen que intervengan experiencias que corresponden no sólo a las personas que participan en el taller, sino también al contenido del conocimiento incorporado en el facilitador. Sin explicaciones teóricas extensas, éste tiene la responsabilidad de ayudar con sus intervenciones al establecimiento de relaciones relevantes mediante reflexiones (discusión teórica-vivencial), observación y viviendo las experiencias, a partir de los resultados del trabajo de campo que permiten una construcción del aprendizaje cort ado a la medida de los pequeños y microempresarios y sus colaboradores que asisten al taller.

El énfasis en las interrelaciones, las experiencias, el conocimiento, la información del trabajo de campo y la puesta en práctica, permiten que las personas que participan en el taller y el facilitador movilicen el conocimiento previo a un proceso de revisión continua y construcción de esquemas renovados para ser utilizados en situaciones nuevas y no un mero aprendizaje de contenidos.

Los contenidos, los métodos, las estrategias, las secuencias y la organización del taller surgen de las dimensiones del cuadrante de habilidades de innovación planeando la experiencia en pequeños tramos ascendentes o ciclos con el objeto de construir aprendizajes que se vinculen a la realidad de micro y pequeños empresarios o personas que trabajan en alguna empresa de este tipo. La experiencia inmediata es la base de la observación y la reflexión desde diferentes perspectiva, lo que puede integrarse para tomar decisiones y solucionar problemas.

Esta forma de aprendizaje exige capacidades que son diametralmente opuestas y que el que aprende tiene, en consecuencia, que elegir constantemente entre estas capacidades de aprendizaje y aplicarlas a situaciones concretas. Esto es, se requiere capacidad de utilizar en forma integral todas las capacidades de la inteligencia sistémica para afrontar las exigencias de un mundo cambiante y globalizado.

5.1.2 ¿Qué entendemos por técnicas sistémicas?

Partimos de la epistemología de Milton Erickson médico psiquiatra, que en 1928, cuando terminaba la maestría en psicología no encajaba con las corrientes dominantes de la época, el psicoanálisis y el conductismo. Erickson pensaba que todos los seres humanos tenemos tendencia al crecimiento y al bienestar, incluso a veces sin desearlo intencionalmente, porque hasta las experiencias consideradas malas traen aprendizajes. Creía que estos aprendizajes era lo que necesitamos para resolver las situaciones que la vida nos va presentando; estos aprendizajes son nuestras experiencias de vida.

Erickson hacía énfasis en la observación y descripción de los comportamientos de sus sujetos de investigación, era un fenomenólogo, que ponía atención a las experiencias subjetivas de aquellos con quienes aplicaba sus técnicas. Así, centró su interés en entender cómo esos comportamientos muchas veces no deseados, se manifiestan y se mantienen a lo largo del tiempo.

En este sentido, hablamos de técnicas sistémicas cuando basados en las premisas anteriores, se genera un entorno de aprendizaje donde se interviene e incide en los mecanismos que originan los procesos, sean cognitivos o emocionales, para conseguir que los aprendizajes sean eficaces. Las técnicas utilizadas en este manual siguen los principios de Erickson y buscan precisamente el aprendizaje significativo que logra un cambio eficaz en las personas.

Erickson utilizaba como método principal de trabajo los estados amplificados de conciencia, que es el término académico utilizado para denominar un estado mental si milar al que se experimenta cuando uno está embelesado contemplando un paisaje o escuchando una bella pieza musical. En este estado mental, la atención de la persona está más enfocada hacia el interior que hacia el exterior, facilitando la activación de las diversas funciones cerebrales que participan en el aprendizaje.

Decía que estos estados eran solo una forma de comunicación más eficiente que se ha utilizado para activar el potencial de aprendizaje de los individuos. Se le llama estado amplificado porque al mismo tiempo que la persona está atenta a lo que experimenta en su interior, también sigue en contacto con lo que sucede a su alrededor.

Desarrolló un tipo de comunicación que se conoce como comunicación indirecta, que resulta muy eficiente para hablar de situaciones incómodas (como cualquier creencia) sin generar resistencia. La comunicación indirecta es ambigua y por lo tanto menos amenazante, por eso es que da pie a que cada persona asuma solo aquello que tiene relación con sus deseos, necesidades, ideas, etc. Si utilizamos la ambigüedad en el contexto de desarrollar habilidades de innovación, donde hay una serie de emociones y creencias muy arraigadas, dejamos a la persona que nos escucha la posibilidad de ponerle a nuestras palabras el signific ado que ella quiere o necesita.[23]

Erickson proponía diferentes niveles de comunicación. Así, consideraba el nivel literal, que se refiere a lo que decimos, al metafórico y al contextual, que le da contexto o sentido a lo que se habla o que tienen incorporadas las personas como marco de referencia previo.

Decía que la comunicación indirecta puede ser no verbal o analógica, que en particular se refiere al tono de voz, el ritmo, gestos, etc. Creía que es de buena educación contestar a la persona que se comunica con nosotros en su propio lenguaje, cortando la comunicación a la medida; de ahí que a lo largo de las diferentes dinámicas se sugiere hacer algunas preguntas y aclaraciones que permitan al facilitador cortar a la medida el lenguaje del grupo y lograr estados de mayor activación en el aprendizaje.

5.1.3 Características del lenguaje sistémico

Bandler y Grinder (2012), creadores de la Programación Neurolingüística (PNL), partieron de la curiosidad para investigar qué era lo relevante en la actitud y experiencia de Fritz Perls, Virginia Satir y Milton Erickson, los tres terapeutas. Estudiaron el uso del lenguaje durante sus conferencias y seminarios buscando identificar qué era lo que éstos hacían para obtener tan buenos efectos en las personas que los consultaban. De estas observaciones lograron desglosar todos los patrones lingüísticos, verbales y no verbales, que empleaban para

---

[23]   Cuaderno de trabajo "Nuestros Marcos Teóricos" elaborado por el Centro Ericksoniano de México (2014).

pasar del nivel superficial de la experiencia a uno más profundo con el uso de algunas intervenciones.

Para lograr desarrollar y reforzar el pensamiento sistémico, lo primero que se debe aprender es una nueva forma de comunicación y utilización del lenguaje. El lenguaje modela la percepción y con esto hemos aprendido a fragmentar nuestro pensamiento. Para encontrar y comprender interrelaciones sistémicas necesitamos un lenguaje de interrelaciones, un lenguaje que condensa y que no amenaza al cambio. Ese lenguaje es importante para enfrentar problemas dinámicamente complejos y opciones estratégicas, especialmente cuando los individuos, los equipos y las organizaciones necesitan trascender los hechos para ver las fuerzas que pueden hacer viable el cambio.

Una de las bases de la PNL es que todo es aprendizaje y que las personas en el proceso de aprender pasamos por cuatro niveles, denominados niveles de competencia en el aprendizaje, los cuales son manejados durante el taller:

i)   Incompetencia Inconsciente, cuando la persona que aprende no sabe que no sabe (no me he dado cuenta que no sé);

ii)   Incompetencia Consciente, cuando la persona que está en el proceso de aprendizaje ya se dio cuenta que no sabe y lo reconoce (ya sé que no sé);

iii)   Competencia Consciente, cuando la persona que aprende se da cuenta de su proceso de aprendizaje (ya sé que si é);

iv)   Competencia Inconsciente, la persona que aprende no sabe que ya tiene conocimiento debido a experiencias y aprendizajes de vida (no me he dado cuenta que sí sé).

El taller, que se puede implementar a partir del presente manual, considera éstas cuatro competencias en el aprendizaje. A lo largo de las actividades se propicia que las personas experimenten darse cuenta que no saben; se dan cuenta que están aprendiendo y se dan cuenta que hay conocimiento que ya tienen y que no sabían aplicarlo al contexto de su actividad principal o negocio. Es decir, a través de la experiencia del taller, las personas reconocen los recursos y habilidades que poseen, lo que les abre la puerta a nuevas y diferentes posibilidades y mayor propensión a la innovación y emprendimiento.

En este sentido, las técnicas que se utilizan para trabajar las diferentes competencias de aprendizaje están fundamentadas en el uso de la comunicación indirecta de Erickson . Para lograr una comunicación efectiva se espera que sea una conversación sencilla, de interés para quién escucha y que incluya una serie de sugerencias e instrucciones que tienen sentido y significado para el receptor del mensaje (el asistente al taller). Por ende, es una conversación que busca activar más de un nivel de comunicación.

Las herramientas comúnmente utilizadas para generar estos mensajes en más de un nivel y una conversación efectiva en términos de aprendizaje son:

i. Analogías. Se trata de buscar comparaciones de una situación que se quiere enseñar. La ventaja de esta comparación es que el que aprende traerá comparaciones propias, a partir de su contexto y realidad. Las analogías tienen la posibilidad de encontrar relaciones antes no observadas, lo que favorece al pensamiento sistémico. Una pregunta útil para generar analogías es ¿A qué se parece? O ¿a qué les recuerda?

ii. Metáforas. La palabra metáfora significa "llevar más allá", es una analogía lógica parte de la realidad imaginativa de aquellos que conversan, simbolizan y condensan significados (permite una interpretación individual). Es indirecta y orienta el pensamiento a las soluciones. Las metáforas pueden ser orales o actuadas; en este manual se diseñaron actividades tipo metáforas actuadas con carácter lúdico.[24]

iii. Anécdota. Son experiencias personales o de terceros ya resueltas, que permiten dar a conocer situaciones similares a las que está experimentando aquel que labora en una MIPE. La ventaja de esta forma de lenguaje es que ya incluye una solución y permite asociar recursos propios, capacidades y posibles escenarios para la situación que se esté experimentando.

iv. Cuentos y fábulas. Son historias en las que la imaginación y la fantasía son el principal elemento y siempre tienen una solución. Las fábulas son aquellas en las que los personajes son animales, y siempre contienen una moraleja o aprendizaje. Los cuentos son historias que surgen de grandes tradiciones, mitos y leyendas que abordan temas universales y que se relacionan con alguna situación de vida en algún momento concreto. Ambos tienen la ventaja de colocar experiencias que se buscan aprender en la realidad de los personajes de las historias, lo que evita resistencias.

El facilitador debe poseer las habilidades y conocimientos necesarios para propiciar los procesos de aprendizaje grupales. Siempre se le considera un mediador y experto en técnicas que permite construir el conocimiento para todos los participantes. Se requiere propiciar un contexto en el que sea factible dejar fluir la creatividad –como origen de la innovación- y habilidades ya existentes en los asistentes. En este sentido, se prefiere un aula con sillas ordenadas en forma de círculo y mesas de trabajo. La figura 9 muestra las actividades propuestas para

---

[24] Milton Erickson observó que cuando los niños juegan se meten tan profundamente en el papel que desempeñan que llegan a un estado amplificado de conciencia profundo que les permite aprender con mayor facilidad, por ejemplo, para aprender lo que hace un médico, juegan a imaginar que lo son, experimentando con los instrumentos e imaginando que atienden pacientes.

trabajar en las variables involucradas en cada dimensión del cuadrante de habilidades innovación. Cabe señalar que en todo momento las actividades propuestas parten o se basan en las habilidades humanas de socialización que aparecen en el centro del cuadrante de las habilidades de innovación.

Figura 9. Actividades para desarrollar habilidades de innovación

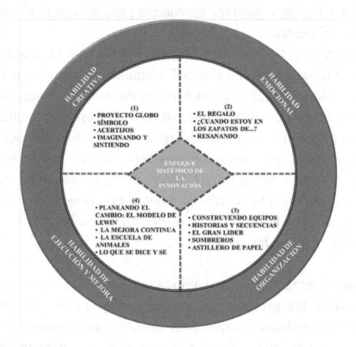

Fuente: Elaboración propia.

Cada una de las actividades propuestas en el manual se presenta con el siguiente formato:

- Objetivos de la actividad, se refiere a la intención que cada actividad en concreto pretende desarrollar en los asistentes.
- Descripción de la actividad, en donde se explica de forma general en qué consiste la actividad así como las principales habilidades de innovación que desarrolla y el impacto sistémico que dicha actividad tiene en otras dimensiones.

- Instrucciones para llevar a cabo la actividad.
- Materiales.
- Preguntas y aspectos a considerar, en cada actividad se proponen preguntas o comentarios para el final de cada dinámica como herramienta de trabajo para formar y desarrollar el pensamiento reflexivo y dan fluidez al taller.
- Tiempo estimado, en algunos casos el tiempo previsto depende del tamaño del grupo.

El siguiente apartado presenta cada una de las actividades propuestas para desarrollar habilidades de innovación del individuo en las MIPES en México. Cabe señalar que las verbalizaciones propuestas para utilizar con los asistentes fueron cortadas a la medida de micro y pequeñas empresas a partir de las entrevistas realizadas para el diagnóstico, lo que permite tener un impacto significativo en el aprendizaje y desarrollo de habilidades de los asistentes.

6

TÉCNICAS PARA DESARROLLO DE LA CREATIVIDAD

La creatividad es un fenómeno común a todos los seres humanos significa engendrar, producir y es un proceso dinámico. En palabras de Betancourt (2008), "se debe ser consciente de que la vida es la mejor escuela de la creatividad", la vida nos trae lecciones con cada situación vivida, es un proceso de aprendizaje. "No hay manera de evitar esas enseñanzas ni tampoco de eludir este proceso de aprendizaje, el cuál dependerá de las actitudes de cada persona para aprender del contexto histórico social en el que vive".

6.1 Proyecto Globo

Objetivo: Que los integrantes del taller ejerciten la capacidad de combinar enfoques, con o sin relación aparente, para la creación individual y colectiva de nuevas ideas en el negocio o actividad que desempeñan.

Descripción: Los participantes experimentan la situación de combinar un giro de negocio con un concepto los cuales no tienen relación aparente tal que propongan un nuevo negocio o empresa. Esta actividad desarrolla principalmente las habilidades creativas de combinar enfoques y el proceso creativo, de forma tangencial toca elementos de habilidades emocionales al fomentar las relaciones humanas y de habilidades de organización al desarrollar la visión de futuro.

Instrucciones:

1) Se arman dos conjuntos de tarjetas de papel de acuerdo al número de asistentes. En uno de los conjuntos se escriben giros de negocio (Ej. Tienda de abarrotes, Farmacia, Tintorería), en el segundo conjunto se escriben conceptos o palabras que definen un estilo (Ecológico, Para adultos, Místico). Debe haber tantas tarjetas, entre los dos conjuntos, como asistentes.

2) Cada tarjeta se introduce en un globo, que se inflan para colocarse en dos contenedores o bolsas diferentes identificando el contenedor en el que se incluye a cada conjunto.

3) En el trabajo, se divide el grupo en dos y a cada subgrupo se le asigna una caja o bolsa, se les pide que tomen un globo sin reventarlo.

4) Se da la instrucción de formar pareja con alguien del subgrupo contrario. Una vez formadas las parejas cada equipo rompe sus globos y recuperan sus papeles. Se verifica que cada equipo tengo tanto un giro como un concepto o palabra clave.

5) Se les da un tiempo para desarrollar en equipo, una idea de negocio combinando tanto el giro como el concepto o palabra que les tocó. Se hace énfasis en que la actividad requiere de describir y hasta dibujar con todo detalle una posible imagen del local, los productos o servicios propios, colores y decoración, un probable nombre del negocio, slogan, atuendo del personal, logotipo, etc.

6) Se proporcionan hojas blancas o cartulinas y plumones por equipo para que la idea sea plasmada.

7) Al terminar el tiempo de elaboración, se da oportunidad a cada pareja de exponer la idea al resto del grupo y se promueve la retroalimentación positiva.

Una forma alternativa de llevar la retroalimentación es dar la indicación para que el resto de parejas propongan alguna innovación a la idea de negocio expuesta. Así, se explican que las posibles estrategias de innovación están asociadas con sumar, restar, multiplicar o dividir características del nuevo negocio. En caso de elegir esta modalidad, los equipos trabajan brevemente en estas propuestas de innovación; una vez terminadas se da la retroalimentación.

Materiales: Globos, fichas indicadoras de giro y servicio, bolsas o contenedores para los globos, hojas de papel o cartulinas y marcadores.

Preguntas y aspectos a considerar: Al terminar la actividad se propone preguntar al grupo, ¿Ya se dieron cuenta todo lo que crearon combinando enfoques y opiniones? ¿Cómo fue imaginar, crear y compartir sus ideas?
En esta actividad es importante hacer hincapié en que lo que utilizaron para generar ideas básicamente es capital intangible que todos los micro empresarios o colaboradores tienen.

Tiempo: 60 minutos para un grupo de 15 a 20 asistentes.

6.2 El símbolo

Objetivo: La persona ilustra, a través de un símbolo, el significado que tiene de su propio negocio la innovación o el emprendimiento.

Descripción: Los participantes recuerdan alguna experiencia de innovación, emprendimiento o cambio favorable en el contexto de la micro y pequeña empresa en que laboran, lo que les permite condensar los diferentes significados de la experiencia en su vida laboral. Un símbolo permite concentrar experiencias y aprendizajes existentes sobre un tema específico. Ésta condensación permite conectar de lleno a los participantes con la innovación a través de la creatividad de cada persona. Esta actividad desarrolla principalmente habilidades creativas y en forma sistémica habilidades de ejecución y mejora al llevar a la acción una idea.

Instrucciones:

1) Con el grupo sentado se les pide se pongan cómodos y que con ojos abiertos o cerrados recuerden o imaginen ese "algo" que simboliza la creación en la actividad principal que desempeñan o lo que emprenden en sus vidas.

Se sugiere la siguiente verbalización:

"Date un momento ahí donde estas y mientras sientes tu respiración, fíjate como, protegidamente y quizá como un recuerdo o como algo que llega espontáneamente y sin esfuerzo, vas sintiendo aquella emoción de iniciar algo nuevo, tal vez sea la emoción de un primer día de escuela o la de un nuevo trabajo o la de haber iniciado tu propio negocio, quizá sea simplemente la emoción del primer día en que lograste algo nuevo para ti, ¿ya te diste cuenta que, sin ningún esfuerzo, va apareciendo un símbolo agradable de lo que representa la innovación para ti? Obsérvalo con todo detalle y fíjate si tiene un color o forma,..... ¿ya viste el tamaño que tiene? Disfruta este momento, imaginando, creando y cuándo estés listo, abre tus ojos para volver aquí y ahora".

2) Asegurarse que cada integrante del grupo se encuentre bien haciendo la pregunta expresa ¿Todo bien?

3) Se les pide que dibujen lo que imaginaron o lo que siguen imaginando en una hoja o segmento de cartulina.

4) Cuando todos hayan terminado se pide que peguen su símbolo ya sea en una pared o pizarrón buscando armar un *collage* con todas las representaciones del grupo. Solo en caso que alguien lo desee pueden hacer comentarios respecto a su símbolo.

Materiales: Hojas blancas, colores, materiales diversos (arena, pegamento, calcomanías, figuras de papel, etc.).

Preguntas y aspectos a considerar: Al terminar la actividad se hace el comentario respecto a que la experiencia de algo nuevo, la innovación o emprendimiento, es diferente para cada individuo. También se enfoca la atención en la importancia de la identidad de la innovación en el negocio y el vínculo que puede tener con la misión de la micro o pequeña empresa.

Tiempo: 20 minutos.

6.3 Acertijos

Objetivo: Sensibilizar sobre la importancia de cuestionar y flexibilizar el enfoque con el que se analiza un problema al romper estructuras del pensamiento tradicional.

Descripción: El participante se cuestiona los supuestos del pensamiento programado con la finalidad de identificarlos, reconocerlos y prever que la creatividad sea inhibida. Esta actividad, permite activar incompetencias inconscientes en las que los participantes no se han dado cuenta que los patrones de pensamiento programados inhiben su creatividad. Desarrolla habilidades creativas, básicamente al mostrar formas distintas de enfrentar problemas y crear formas diferentes de solución, así como la capacidad de construir y destruir. La habilidad que se desarrolla implícitamente es emocional al aprender a valorar el error.

Instrucciones:
1) El instructor lee el acertijo seleccionado y se da un tiempo para que lo piensen y busquen la solución.
2) Les pide a los asistentes que participen con las respuestas que ellos se imaginaron o creyeron. Para incentivar la participación el instructor puede dar su construcción pero todavía no la respuesta.
3) Si nadie resuelve el acertijo correctamente en el tiempo asignado, se les da la respuesta.
4) Se hace una reflexión del porqué de nuestras respuestas, y se hace la metáfora actuada con los diferentes tipos de lentes donde el facilitador hace referencia como cada solución escuchada en el grupo obedece a un tipo de lentes para ver el mundo.

<u>Material</u>: Variedad de acertijos y lentes.

<u>Preguntas y aspectos a considerar</u>: Se comenta que la creatividad es común a todos los seres humanos, y que suele ocurrir que con el paso de los años, dejamos de trabajarla. Se hace reflexión respecto a cómo se forma el pensamiento en la solución de problemas, siempre dependiendo del marco de referencia de cada persona y que se forma por lo que "me digo, me dicen y se dice". Estos pensamientos pueden llegar a ser bloqueadores de la creatividad si no se les cuestiona. Se sugiere la idea que siempre es posible ver un problema o situación con diferentes lentes para ver más allá o "pensar fuera de la caja".

<u>Tiempo</u>: 15 minutos.

6.4 Imaginando y sintiendo

<u>Objetivo</u>: Orientar la disposición al cambio y la ejecución en un momento futuro cercano cimentando soluciones en el presente.

<u>Descripción</u>: Esta actividad es una adaptación de "la pregunta del milagro" diseñada por Shazer (1985)[25]. Los participantes experimentan, mediante la imaginación, y enfocándose al interior, el logro de una meta, objetivo o cambio que esperan lograr en el contexto de la micro o pequeña empresa en la que laboran. Se trata de imaginar y sentir con todo detalle el logro del objetivo. La habilidad creativa se desarrolla mediante el construir y destruir y el enfoque en problemas y soluciones. Las habilidades complementarias trabajadas son la emocional con el compromiso y la habilidad de organización al trabajar la visión de futuro.

---

[25] Shazer es uno de los principales exponentes en la terapia centrada en soluciones, que está enfocada en el presente y en el futuro, utiliza el constructivismo social como parte de sus estrategias de trabajo. Se le reconoce por haber invertido el proceso clásico de psicoterapia, que pedía a la persona describir de forma detallada el problema de consulta.

Instrucciones:
1) Se comenta al grupo que muchas veces nos detenemos antes de intentar algo porque creemos que es muy difícil o que va a pasar mucho tiempo para que lo logremos y que una técnica muy útil de manejar cuando esto nos ocurre es la creación en sueños.
2) Se les pide a los asistentes que imaginen con todo detalle cómo será vivir el momento en que se ha logrado un cambio deseado o la innovación en su entorno laboral.

Se sugiere la siguiente verbalización:

"Imagina que pasaría si mañana al despertar ya hubiera ocurrido todo lo necesario para lograr el cambio o innovación que buscas en tu actividad principal o negocio, ya estás en la situación ideal en la que quieres estar y puedes darte cuenta de aquello que es diferente. Fíjate muy bien como te sientes al ir a trabajar ahora, ¿qué estás haciendo y con qué personas estás compartiendo esta satisfacción? ¿Puedes darte cuenta de que hora del día es? Recuerda con todo detalle, cómo es estar viviendo como quieres vivir, disfrutando y haciendo lo que quieres hacer".

3) Cuando se haya terminado la verbalización se solicita a los participantes que así lo deseen, compartir como se visualizaron.

Materiales: Aula cómoda.

Preguntas y aspectos a considerar: Se reflexiona en grupo respecto a la importancia de visualizar el resultado de las ideas nuevas o cambios propuestos para evaluar su factibilidad y cómo esto facilita el empezar a plantear el posible camino y a seleccionar las personas clave para el logro de los objetivos.

Tiempo: 20 minutos.

7

TÉCNICAS PARA DESARROLLO DE HABILIDADES EMOCIONALES

7.1. El regalo

Objetivo: Expresar y recibir sugerencias para mejorar la actividad o negocio de cada uno de los participantes.

Descripción: El participante abre, metafóricamente, las puertas de su negocio a personas con diferentes realidades y actividades; de forma que experimenta el recibir ideas y opiniones de otros, opiniones que pueden ser viables o lejanas desde su contexto. Dentro de la habilidad emocional se desarrolla la empatía y se enfrenta la incertidumbre. Esta actividad también desarrolla habilidades del proceso creativo y la habilidad de construir y destruir. Adicionalmente incentiva la formación de redes de innovación entre los asistentes.

Instrucciones:
1) Cada participante escribe en una hoja de rotafolio el giro de su negocio y el resto del grupo anota alguna idea de mejora o que

le gustaría encontrar en un negocio así si fuera el cliente, lo que se convierte en una puerta para la innovación.

2) A lo largo del aula se pegan tantos papeles rotafolios como asistentes se tengan en el taller.

3) Se le pide a cada asistente que escoja un papel rotafolio y escriba en la parte superior de manera muy concreta: Nombre del negocio, Giro, Concepto y, Ubicación evitando ahondar y dar más explicaciones a los compañeros de grupo.

4) Con cada persona colocado frente a su papel rotafolio, se les pide que en el sentido de las manecillas del reloj pasen a los rotafolios de los otros y les regalen una idea quizá recordando las experiencias que se han tenido como clientes de negocios del mismo giro o lo que ellos harían si el negocio del otro fuera el propio.

5) Una vez que se haya completado la ronda los asistentes vuelven a su lugar y se inicia la reflexiona sobre la actividad. En esta parte final de la actividad, se fomenta el compartir ideas, opiniones y proponer intercambios de ideas para mantener a sus negocios con una actitud de innovación.

6) Para terminar, cada participante pasa a recoger su regalo que se llevan para trabajarlo sí así lo deciden en sus negocios.

Material: Hojas de rotafolio, marcadores, cinta adhesiva.

Preguntas y aspectos a considerar: Al terminar la actividad se pregunta al grupo ¿Cómo se sintieron de regalar?, ¿Cómo se sintieron al recibir?

Para cerrar se hace la analogía del intercambio de regalos donde, a veces en el intercambio no sabemos qué regalar, porque tal vez no conocemos muy bien a la persona, tenemos miedo a equivocarnos, pero lo más importante de un intercambio es regalar y recibir. La idea de recibir algo en un intercambio también puede provocar inquietudes, pues nos pueden regalar algo que ya tenemos, algo que nos queda grande, algo que no nos gusta, pero también nos pueden sorprender agradablemente. Lo importante es que nosotros podemos decidir qué hacer con los regalos, si no los uso, si los ajusto a mi medida, si lo regalo a otra persona o si se vuelve mi regalo favorito en mucho tiempo.

Tiempo: 40 minutos para un grupo de 15 a 20 asistentes.

7.2. ¿Cuándo estoy en los zapatos de...?

Objetivo: Reflexionar respecto a las emociones que experimenta el dueño, directivo o trabajador en una MIPE en su labor diaria, fortaleciendo la empatía, la inteligencia emocional y sistémica para identificar emociones de la situación planteada para utilizarlas en el día a día identificando necesidades propias y de los otros.

Descripción: Se coloca a los asistentes en los zapatos de otros – metafóricamente- que también participan en el ambiente empresarial y que han experimentado diversas situaciones positivas o no. Esto les permite compararse, reconocer los recursos que han desarrollado para solucionar lo vivido y medir lo que han avanzado. Incluso, en algunos casos les permite estar más conscientes y preparados para situaciones que es posible que les ocurran. Al ponerme metafóricamente en los zapatos del otro es posible discutir las situaciones desde una posición en la que puedo identificar qué siento y qué hago con eso que siento. Desarrolla principalmente el manejo de las relaciones humanas mediante la empatía y auto-concepto, y en otras dimensiones como la de organización promueve la visión a futuro.

Instrucciones:
1) Se forman equipos de tres a cinco personas.
2) A cada equipo se le proporciona de tres a cinco respuestas del anexo del presente manual y se les pide que lean el contenido.
3) Posteriormente se da un tiempo para que comenten en equipo las siguientes preguntas: ¿Qué imaginas que está sintiendo la

persona que respondió? ¿Qué le dirías a esa persona? ¿Te has sentido alguna vez así? ¿Con qué emociones te identificas?

4) Luego, se solicita al equipo acordar cuál de las emociones identificadas es la más común en sus propias experiencias.

5) El equipo expone al grupo sus reflexiones y conclusiones.

<u>Material</u>: Impresiones con respuestas de las entrevistas del anexo, hojas de papel rotafolio, marcadores.

<u>Preguntas y aspectos a considerar</u>: En esta actividad es importante puntualizar que la empatía y comparación son partes importantes del proceso de innovación, no sólo aprendemos de nuestras experiencias, sino también de las anécdotas de otros que han pasado por situaciones similares y han salido avante.

<u>Tiempo</u>: 40 minutos para un grupo de 15 a 20 participantes.

7.3 Resanando

<u>Objetivo</u>: Facilitar el reconocimiento de las emociones que se experimentan en diversas situaciones que se viven en las organizaciones para: validarlas e iniciar el proceso de aprendizaje natural que cada una conlleva.

<u>Descripción</u>: Por medio de una anécdota cotidiana, se realiza una reflexión guiada para que los asistentes activen incompetencias inconscientes, en las que los participantes no se han dado cuenta que la creencia cultural es que las emociones se pueden separar de las personas y no llevarse al trabajo; lo que imposibilita a quien labora en una MIPE a utilizarlas favorablemente. La habilidad emocional que desarrolla es la valoración del error; en las otras dimensiones toca principalmente a la creatividad mediante la disposición al cambio, favoreciendo la habilidad de construir y destruir.

Instrucciones:

1) Con el grupo sentado se les pide escuchen con mucha atención la siguiente anécdota (adaptada de Bucay, 2013) y se da lectura en voz alta a la anécdota del Dr. Erickson y sus hijos:

"Un día, Robert, de tres años de edad, el más pequeño de los hijos de Erickson, tropezó bajando las escaleras y cayó haciéndose una buena cortada en el labio. El niño se levantó llorando y gritando, con mucho dolor y asustado. Su papá corrió a ayudarlo y vio que sangraba abundantemente, entonces le dijo a su hijo:

Ésta es una herida muy fea, Robert, te lastimaste muy feo- hizo una pausa-y luego continuo- ahora vamos a procurar y atender tu herida.

El niño continuaba llorando y mirando sus manos y el piso, que estaban cubiertos de sangre, por lo que muy poca atención ponía a su padre.

Tú quieres que deje de doler y el niño asintió- te está saliendo buena cantidad de sangre. Creo que debemos ver si es lo suficientemente roja y espesa como debería, mírala muy bien, ¿Si lo es?, yo pienso que sí.

Luego el papa Erickson llevó a su hijo hasta el lavabo y mientras le limpiaba la cara le pidió que inspeccionara si la sangre que se mezclaba con el agua se ponía de un buen color rosado. Una vez hecho esto y con el pequeño Robert más calmado, el papá revisó el labio del niño platicándole que lo hacía para cerciorarse de que se e staba hinchando adecuadamente. Le explicó que la hinchazón es parte natural cuando nos damos un golpe de ese tamaño. Y le explicó que serían necesarias algunas puntadas como paso siguiente para sanar esta herida. Le dijo: creo que tendrás que recibir algunas puntadas, pero dudo que sean más de las que tú puedes contar. Seguramente serán menos que las doce que recibió tu hermano cuando se cayó de la bicicleta y quizá más que las tres que recibió tu hermana en navidad.

Finalmente Robert fue al médico y recibió cinco puntadas sin anestesia"

2) En grupo hacer la reflexión sobre las emociones y a través del siguiente cuestionamiento: en las situaciones de vida o del negocio ¿qué hacemos? ¿reconocemos lo que pasa o negamos lo que es natural con los sucesos de la vida? ¿Qué emociones reconocemos en los actores de la historia?

Material: Lectura de la anécdota.

Preguntas y aspectos a considerar: Para cerrar esta actividad se promueve la reflexión centrada en la importancia de reconocer lo que sentimos, se puede utilizar la analogía de mi local o el lugar donde está instalado mi negocio, donde, aunque a veces hay hoyos o imperfecciones o hemos vivido experiencias difíciles, éstas se pueden resanar sí reconocemos como natural el proceso de desgaste y si se identifica en qué parte está el deterioro. Se puede también hacer la reflexión respecto al proceso de toda caída.

Tiempo: 20 minutos.

7.4 Al *Riescate*

Objetivo: Recuperar recursos para afrontar riesgos ante la idea de innovar mediante la integración de aprendizajes de las experiencias de vida y recuperar la confianza para acciones futuras.

Descripción: Se lleva a los participantes a recuperar recursos y a reconstruir la historia que se cuentan respecto a las experiencias que han vivido en la actividad principal que desempeñan, o el negocio que tienen. Este tipo de relatos muchas veces constituyen un obstáculo para la innovación por generar una aversión al riesgo ante nuevos escenarios posibles. La actividad permite a los asistentes reconocer que ya saben enfrentar riesgos y que lo han hecho en el pasado. La habilidad emocional que desarrolla es el manejo del riesgo y la tolerancia y el valorar el error. En otras dimensiones contribuye a la creatividad en el manejo de problemas y soluciones y a la dimensión de habilidades de organización mediante la planeación al identificar recursos disponibles.

Instrucciones:
1) Se proporciona a los asistentes una tira de cartulina o rotafolio, donde se indica en un extremo el inicio de la actividad que realizan o de su negocio y en el extremo contrario el día de hoy.
2) Se hace la conversación de que para llegar al día de hoy en una situación laboral, han pasado por muchas experiencias, algunas fáciles, algunas no tanto, y en cada eta pa han ido adquiriendo habilidades y conocimientos para resolverlas, y que finalmente han llegado hasta el día de hoy con todos esos recursos como parte de su capital humano basado en experiencias.
3) Se les pide que marquen en la línea del tiempo aquellos recursos, habilidades y aprendizajes de situaciones resueltas, y si reconocen que hay algunas que hasta ahora no están totalmente resueltas también se pueden identificar o marcar con un símbolo diferente. En el caso de asuntos aún no resueltos en su totalidad, es importante explicar que es natural que vayamos resolviendo primero aquellos asuntos en los que nos sentimos más cómodos y que en la medida en que desarrollamos las habilidades necesarias podemos atender los más avanzados.
4) Se hace una lista personal de los recursos que el individuo ha tenido y aprendido a lo largo de las situaciones.

Material: Segmentos rectangulares largos de cartulina o papel, crayones y/o plumones.

Preguntas y aspectos a considerar: Al terminar la actividad se sugiere la reflexión en torno a las siguientes preguntas, ¿Ya te diste cuenta cómo siempre has tomado riesgos? ¿Si ya innovamos por qué no volver a innovar? Con esto, se busca que los asistentes observen que en su contexto todos han enfrentado riesgos e innovado y que ya saben cómo hacerlo y con qué recursos y habilidades cuentan para hacerlo mejor las próximas veces.

<u>Tiempo</u>: 30 minutos.

8

TÉCNICAS PARA DESARROLLO DE HABILIDADES DE ORGANIZACIÓN

8.1 Construyendo Equipos

Objetivo: Reconocer y reflexionar sobre las diversas habilidades que están involucradas en la implementación de una mejora o cambio, así como los elementos y funciones necesarias en una organización.

Descripción: El participante observa mediante algunas escenas de una película el proceso de cambio en un sistema organizacional que propicie la innovación, donde se pueda identificar el liderazgo, trabajo en equipo, la planeación, la visión a futuro de una organización y las posibles consecuencias en diferentes escenarios. La idea es que el participante se observe que es importante poner atención en los procesos humanos relacionados con los aspectos organizacionales señalados. La ventaja de las analogías de la película con la experiencia en la vida de la micro y pequeña empresa, permite, de forma lúdica, acercar conceptos técnicos que pueden resultar amenazantes para la persona que aprende. En la dimensión de habilidades de organización, desarrolla el trabajo en equipo, el liderazgo, planeación y la visión a futuro. Desde el punto de vista de la habilidad emocional la actividad permite valorar el error e incentivar la mejora en relaciones humanas.

Instrucciones.
1) Se proyecta un fragmento de película al grupo (en donde se hace visible el trabajo en equipo, el proceso de liderazgo, etc.). (Se sugiere "Monster University", "Toy Story I", "Lego la película", "Los Croods").
2) Se hacen reflexiones en torno a: ¿Qué ocurre con el liderazgo en la película? ¿Cómo se va desenvolviendo y conformando el equipo a lo largo del fragmento? ¿Qué tanto influye la comunicación en el logro de objetivos? ¿Qué diferencia hubiera habido en la historia si el cambio fuera planeado?

Material: Video de las escenas seleccionadas.

Preguntas y aspectos a considerar: Para terminar la actividad es pertinente señalar la importancia de las habilidades y cualidades personales en los diferentes tipos de líder, y equipos de trabajo. En particular señalar que las habilidades emocionales y la comunicación permiten facilitar la organización para el logro de objetivos. En lo que respecta al cambio, se resalta el hecho de que ante un cambio planeado es posible minimizar las consecuencias no deseadas o prever acciones para facilitar la innovación.

Tiempo: 45 minutos.

8.2 Historias y Secuencias

Objetivo: Desarrollar la habilidad para formular caminos viables ante posibles escenarios inesperados de una micro o pequeña empresa, teniendo en cuenta los recursos disponibles.

Descripción: Se presenta a los asistentes imágenes que representan diferentes etapas de una secuencia para que desarrollen la habilidad de detectar las causas y consecuencias de acciones que pueden llevar a la empresa a una situación particular. Al identificar los momentos de un proceso la persona puede reconocer la necesidad de un cambio, programar cómo llevarlo a cabo y buscar la mejor vía para lograrlo. En la dimensión de organización toca principalmente la planeación, visión de futuro. En otras dimensiones de innovación fomenta el proceso creativo, y el enfoque en problemas y soluciones.

Instrucciones:
1) Se forman parejas y se les entrega un kit de secuencias incompletas de imágenes (abriendo un negocio, haciendo cambios, remodelando, utilizando computadoras, trabajo en equipo, etcétera). Se entrega a diferentes grupos las mismas imágenes.
2) Se pide que construyan una historia a partir de dichos momentos. Haciendo énfasis en que para llegar a una situación requieren completar el "antes" y el "después" de una historia.
3) Se solicita que hagan un dibujo del probable escenario con respecto a los momentos intermedios que hacen falta para completar la historia.
4) Por equipo presentar al grupo la historia.

Material: Imágenes en tarjetas, tarjetas blancas, colores y lápices.

Preguntas y aspectos a considerar: Al terminar la actividad se cuestiona a los equipos respecto a la forma en que decidieron los pasos y se puntualiza sobre la variedad de planes que pueden surgir para situaciones similares. Es importante reconocer que cada historia está influenciada por las experiencias en el negocio de cada uno de los participantes de cada equipo.

Tiempo: 60 minutos para un grupo de 15 a 20 asistentes.

8.3 El Gran Líder

<u>Objetivo</u>: Identificar las habilidades que posee el asistente para ejercer su propio estilo de liderazgo.

<u>Descripción</u>: El participante se coloca frente a las cualidades de diversos líderes y a través de ellos para cimentar la versión del líder de sí mismo. La actividad permite que el asistente revele su empatía y admiración hacia algunos individuos que pueden o no ser catalogados como grandes líderes en México y en el mundo, para reconocer en sí mismo algunas cualidades propias y las de los otros. En la dimensión de organización se trabaja la habilidad del liderazgo y en la dimensión emocional el compromiso.

<u>Instrucciones</u>:
1) Se pregunta a los asistentes: ¿Quién es la persona o personas que los inspiran para hacer lo que hacen en la vida?
2) En caso necesario, proyecta la presentación con imágenes y frases de algunos grandes líderes
3) Se van consensando con el grupo las características de los líderes mencionados y se escriben en el pizarrón.
4) Al terminar se les pide que de forma individual respondan en una hoja: ¿Qué cualidades de ellos hay en mí? y ¿Qué cualidades únicas tengo yo que ellos no?

<u>Material</u>: Aula cómoda, pizarrón, marcadores y presentación si es necesario.

<u>Preguntas y aspectos a considerar</u>: Generalmente las analogías se utilizan para reflexionar en lo que no tengo, en este caso la comparación es utilizada al revés, para reconocer, confirmar y validar lo que sí tengo y de lo que soy capaz de desarrollar. Se sugiere cerrar con una variante de la reflexión "Cada uno de nosotros tenemos un estilo propio de ser líderes, independientemente de lo que digan los

libros, somos un líder único y a nuestro estilo. No necesitamos un traje, ni grandes estudios, ni muchos recursos, sólo identificar mi manera de ser líder y seguir aprendiendo a hacerlo."

Tiempo: 20 minutos.

8.4 Sombreros

Objetivo: Utilizando diversas formas de pensamiento, se busca desarrollar la capacidad para la toma de decisiones cuando se trabaja en equipo.

Descripción: Esta actividad es una adaptación del propuesto por Edward de Bono para trabajar con distintas formas de pensamiento. Se coloca al participante frente a una situación hipotética definida en un ambiente de la micro y pequeña empresa. Se propicia que cada participante experimente diferentes formas de pensamiento en torno a esa situación. En la dimensión de organización se trabaja la habilidad de planeación y visión de futuro. En otras dimensiones como la creativa se trabaja el proceso creativo, el combinar enfoques, y el enfrentar problemas y soluciones; en la dimensión emocional se experimenta el riesgo y tolerancia así como las relaciones humanas.

Instrucciones:
1) Primero se divide el grupo en equipos de seis o siete personas.
2) En algún espacio visible para todos se coloca la tabla de correspondencia de pensamientos por color y se explica a los asistentes el significado de cada color de sombrero, que se presenta a continuación:
   • Blanco para hechos concretos, objetivos y cifras.
   • Rojo, para las emociones, sentimientos, intuición y presentimientos.
   • Amarillo, para la especulación, lo constructivo y fundado en la lógica.
   • Verde, para la creatividad o pensamiento diferente.

- Azul, para la objetividad, visión de conjunto y el control.
- Negro. Lo que tiene de malo la idea, lo negativo.
- Morado. Es el pensamiento filosófico vinculado a lo que trasciende.

3) Se les indica a los asistentes que cada equipo debe asignar a una persona para que sea el secretario y tome nota de las ideas principales que cada participante exprese con cada tipo de pensamiento y lo escribe en el formato diseñado para tal efecto. Si por el tamaño del grupo se tienen más de ocho personas en cada equipo el resto de los asistentes participan como observadores externos haciendo notas de la actividad.

4) Se les da el planteamiento del problema y se les pide dar una solución de acue rdo con en color que les corresponde. Una vez terminada la primera ronda, los sombreros rotan a la derecha, se repite la iteración hasta que todos hayan hablado con todos los colores.

5) Finalmente se pide al equipo elaborar una posible solución o estrategia de acción que incluya tres de los estilos de pensamiento en su planteamiento.

6) La decisión final y las razones se exponen al grupo.

Material: Sombreros de utilería (foami, cartón…) de siete colores diferentes, un problema en el entorno de negocios planteado previamente, formato organizador de respuestas (Anexo del manual), tabla de correspondencia de roles por color.

Preguntas y aspectos a considerar: Recordar la importancia de escuchar todas las versiones de una situación para poder tomar mejores y más incluyentes decisiones. Se invita a reflexionar lo siguiente, ¿Cómo se sintieron de trabajar con diferentes formas de pensar? Identificaron el tipo de pensamiento con el que se sintieron cómodos y ¿cuál fue el que les resultó difícil de representar? Estas dos preguntas les permiten a los asistentes identificar sus propias fortalezas y debilidades en formas de pensar. Por otro lado, ¿Fue difícil conciliar las ideas con el equipo? ¿Qué creen que hizo más fácil el encontrar una solución en donde todos estuvieran de acuerdo? Preguntas que aportan a la importancia del trabajo en equipo.

Tiempo: 45 minutos si el grupo es entre 15 a 20 participantes.

8.5 Astillero de papel

Objetivo: Mostrar la importancia de la asignación de roles, la comunicación, trabajo en equipo, etc.

Descripción: Los participantes, en equipo, se colocan frente a una situación de competencia con otro equipo. La actividad busca experimentar la participación en los mercados con otras empresas con intereses similares. Se rescata la importancia de la organización, la comunicación y el liderazgo en el momento de buscar incrementar ventas y obtener ganancias. En la dimensión de organización se trabaja la habilidad de planeación y el liderazgo y en la dimensión emocional se aprende a valorar el error, se fomentan las relaciones humanas y el compromiso, así como la incertidumbre y el riesgo. En la dimensión de ejecución y mejora se trabaja la acción, la implementación y el monitoreo de las decisiones que el equipo toma.

Instrucciones:
1) Se divide el grupo en dos equipos y en dos aulas diferentes.
2) A cada equipo se le informa que se va a realizar una competencia con el otro grupo y se da la instrucción de elaborar barcos de papel sin hablar durante cinco minutos. En la primera iteración está prohibido comunicarse de cualquier forma con los compañeros de equipo.
3) Se hace un conteo de barcos totalmente elaborados en ambos equipos para determinar quién es el que gana la competencia. Se informa quién gano la competencia a los dos equipos y el resultado del conteo.

4) En el siguiente segmento se le da a cada equipo diez minutos para platicar y ponerse de acuerdo –sin fabricar barcos-, en caso que ninguno de los integrantes conozca la forma correcta de hacer un barco los facilitadores pueden enseñarles una vez cómo se hace. Se revisa que se haya socializado el conocimiento dentro de los 10 minutos, se concluye este segmento. Se les da la instrucción de asignar a un integrante como inspector de calidad.

5) En la segunda etapa, a cada equipo se le informa que se va a reiniciar la competencia con el otro grupo y se da la instrucción de elaborar barcos de papel sin hablar nuevamente; se vuelven a tomar cinco minutos para elaborar barcos ya con un control de calidad.

6) Se vuelve a hacer el conteo para determinan al equipo ganador.

7) Se reúnen los dos equipos para realizar las reflexiones sobre lo experimentado en esta actividad.

<u>Material</u>: Hojas blancas de reuso.

<u>Preguntas y aspectos a considerar</u>: Al terminar se reafirma el papel de la comunicación y el liderazgo para el éxito del negocio. Es necesario enfocarse en las siguientes preguntas, ¿Cómo escogieron al líder para esta actividad? ¿Cómo se sintieron con el rol que ejercieron en este ejercicio? ¿Aprendieron de los otros algo nuevo? ¿Cómo fue trabajar sin comunicación alguna y cómo fue con comunicación? ¿Ya se dieron cuenta de la importancia de planear tomando en cuenta los recursos que tenemos a la mano? Se les pide a los asistentes que ubiquen si alguna parte de la actividad fue más difícil para ellos, ya que ahí están representadas las oportunidades de mejora.

<u>Tiempo</u>: 60 minutos para un grupo de 15 a 20 participantes.

9

TÉCNICAS PARA DESARROLLO DE HABILIDADES DE EJECUCIÓN Y MEJORA

Para dar inicio a las actividades de esta dimensión se propone iniciar con la siguiente pregunta al grupo: ¿Qué se necesita para que logremos llevar a la práctica nuestras ideas?

9.1 Modelo de Lewin

Objetivo: Aplicar el modelo de Lewin de cambio planificado a una situación real de micro y pequeñas empresas.

Descripción: Se utiliza primero el modelo de cambio de Lewin, que permite visualizar en forma accesible las posibilidades de cambio al identificar las fuerzas impulsoras y obstaculizadoras del cambio deseado o de innovación. La habilidad de ejecución y mejora que desarrolla son las de acción, implementación y monitoreo. En la dimensión creativa desarrolla el enfoque en problemas y soluciones; en la dimensión emocional desarrolla el compromiso y en la dimensión de organización la visión de futuro.

Instrucciones:

1) Se da una breve explicación del Modelo de Lewin, haciendo hincapié en que para el autor el cambio es una modificación de las fuerzas que mantienen el comportamiento de un sistema estable. El cambio es producto de dos fuerzas, las impulsoras, que son las que motivan al cambio y las obstaculizadoras que son las que se resisten al cambio y desean mantener el *status quo*.

2) Se comenta que para que el modelo funcione es necesario lograr los siguientes puntos: *i*) identificar el problema (en este caso ya que asistieron al taller, entendemos que buscan mejorar las posibilidades de innovación, por lo que el problema genérico sería la carencia de innovación en la MIPE), *ii*) identificar la situación actual, *iii*) visualizar e identificar la meta u objetivo al que se quiere llegar. *iv*) identificar las fuerzas impulsoras y las obstaculizadoras, y *v*) desarrollar una estrategia para lograr el cambio.

3) Se sugiere utilizar la analogía del cambio reciente que ellos ya hicieron sin que se dieran cuenta: El hecho de asistir al taller y se les puede preguntar qué fuerzas habían impulsado y obstaculizado esa decisión.

4) Se les pide que escojan uno cambio deseado y pequeño que le permita innovar a su empresa (que puede venir de la actividad del Regalo o de una idea que ya tuvieran previamente) y que dibujen su diagrama de Lewin, con al menos dos fuerzas impulsoras y dos obstaculizadoras. Se sugiere sea un cambio pequeño ya que cualquier movimiento en el sistema va a moverlo por completo y llevará a identificar la importancia de otros cambios que pueden estar relacionados.

5) Se sugiere proporcionar la siguiente guía de preguntas para desarrollar la actividad. i) ¿Qué cambio cree que sea benéfico realizar en su negocio para innovar?
ii) ¿Cuáles son las fuerzas obstaculizadoras de ese cambio?
iii) ¿Cuáles son las fuerzas impulsoras del cambio elegido?

iv) ¿Qué personas están involucradas en cada una de las fuerzas detectadas?

v) ¿Qué acciones concretas se requiere realizar para llevar a la práctica el cambio?

vi) ¿En qué orden las colocaría?

<u>Material</u>: Hojas de papel, plumones y/o plumas, esquema del modelo de Lewin, pizarrón.

<u>Preguntas y aspectos a considerar</u>: Al finalizar la actividad se va a cimentar la idea que ejecutar el cambio es algo que se puede lograr y anticipar mediante la plane ación. Que independientemente de la magnitud del cambio es importante identificar las fuerzas impulsoras y las obstaculizadoras de forma concreta, puesto que nos ayuda a tomar mejores decisiones o a renovar la visión sobre las mismas. Se aclara a los asistentes que uno de los aspectos más importantes del cambio planeado son las acciones concretas que permiten identificar cada paso del cambio y que de esta manera es más fácil monitorear las acciones para después mejorarlas.

<u>Tiempo</u>: 30 minutos

9.2 La mejora continua

<u>Objetivo</u>: Aplicar la meta-observación a la implementación de la actividad 9.1 (Modelo de Lewin).

<u>Descripción</u>: Se utilizan elementos del modelo de investigación-acción para monitorear el cambio; es decir, se utiliza como una forma de aprender de las intervenciones o acciones específicas implementadas al observarlas y documentarlas. Esta actividad permite dotar a los asistentes de habilidades para mejorar la ejecución de acciones. En la dimensión de ejecución y mejora se desarrolla la habilidad de monitoreo, en la dimensión emocional se desarrolla el valorar el error y la actitud ante el riesgo y la incertidumbres. En la dimensión

de organización se desarrolla la habilidad de planeación y visión de futuro.

Instrucciones:

1) Durante la actividad 9.1 facilitadores toman nota de distintas observaciones del proceso mediante el cual los asistentes utilizan el modelo de Lewin para planear un cambio. Se realiza un registro cuidadoso de acciones emprendidas por los asistentes y se acumula evidencia necesaria con el fin de determinar hasta qué punto se ha logrado la meta de aprender a usar el modelo. Algunos aspectos básicos a identificar son: *i*) la percepción y acciones individuales, y *ii*) los procesos grupales. Habrá asistentes que reciben con facilidad la actividad y otros que sean más renuentes (su identificación es vital para reducir los candados a la innovación).

2) Se da una breve explicación del modelo investigación-acción, haciendo hincapié en que busca desarrollar habilidades para observar, analizar, reflexionar y aprender respecto al cambio. Se observa el proceso en el cuál, como individuos y empresa en conjunto, se da un desplazamiento hacia un nuevo estado donde se modifican patrones de comportamiento, actitudes, valores, etc.

3) Para iniciar esta actividad, se le informa al grupo que se realizó una observación y se socializan los aspectos registrados.

4) Posteriormente se da un tiempo para que comenten en grupo las siguientes preguntas:
   i)   ¿Cuál fue mi actitud ante la tarea asignada?
   ii) ¿Tuve información suficiente para desarrollar la actividad?
   iii) ¿Fue fácil iniciar la actividad? ¿Qué parte o pregunta fue la más compleja para mí?
   iv) ¿Qué haría diferente la próxima vez que aplique el modelo en mi actividad principal?

5) Se escriben en el pizarrón las principales conclusiones del grupo.

Materiales: Pizarrón, plumones, hojas, plumas.

Preguntas y aspectos a considerar: Es importante aclarar al final de la actividad que cuando hablamos de monitorear, hay que hacerlo tanto a los resultados finales (como las ventas, la satisfacción del cliente, etc.), como al proceso en el que se implementan acciones concretas para el cambio. Para lograr mejores resultados es bueno monitorear los pasos que vamos dando y verificar si vamos por buen camino.

Tiempo: 30 minutos para un grupo de 15 a 20 asistentes.

9.3 La escuela de animales

Objetivo: Reconocer la misión y la visión individual de quién colabora y/o dirige una empresa y su similitud con la del negocio.

Descripción: Mediante una fábula se invita a los participantes a reconocer sus habilidades y recursos y a contrastarlos con la actividad que realizan. Permite a los participantes vislumbrar el lugar al que quieren llegar, con todos los cambios y lo que ahora reconocen. En la dimensión de ejecución y mejora desarrolla la habilidad de monitoreo, en la dimensión de emociones se desarrolla el compromiso.

Instrucciones:
1) Con el grupo sentado se les pide escuchen con mucha atención la siguiente fábula:

"Cierta vez, los animales decidieron hacer algo para enfrentar los problemas del "nuevo mundo". Organizaron una escuela, adaptaron su currículo consistente en cuatro grandes actividades que les permitiría sobrevivir: correr, trepar, nadar y volar. Todos los animales se inscribieron en todas las asignaturas.
El pato era un estudiante sobresaliente en natación de hecho superior a su maestro. Obtuvo un autosuficiente en vuelo, pero en carrera resultó deficiente. Como era de aprendizaje lento en

carrera, tuvo que quedarse en la escuela después de la hora y abandonar la natación para practicar la carrera. Estas clases extra continuaron hasta que sus pies membranosos se desgastaron, entonces pasó a ser un alumno mediano en natación... pero la medianía se aceptaba en la escuela, de manera que a nadie le preocupó lo sucedido, salvo como es natural al pato.

La liebre comenzó el curso como alumno distinguido en carrera pero sufrió un colapso nervioso por exceso de trabajo en natación.

La ardilla era sobresaliente en trepar, hasta que manifestó una enorme frustración en la clase de vuelo donde su maestro la hacía comenzar desde el suelo en vez de hacerlo desde la cima de un árbol. Por último, tanto esfuerzo la llevo a experimentar calambres en las patitas y entonces bajó sus calificaciones a 6 en trepar y 4 en carrera. El águila era un chico problema, y recibió muchas malas notas en conducta. En el curso de trepar y en el ejercicio de subir hasta la copa del árbol, superaba a todos, pero se obstinaba en hacerlo a su manera.

Al terminar el año, todos los animales quedaron verdaderamente afectados en su autoestima por no haber podido ser sobresaliente en todo, y además sintiendo una gran pérdida por haber debilitado su potencial más importante."

2) Luego de leer la fabula hacen los siguientes cuestionamientos al grupo y se permite participar a aquellos que así lo decidan.

   i) ¿Qué pasa cuando, como a los animales, olvidamos nuestra esencia?

   ii) ¿Sé cuál es la misión del negocio donde trabajo?

   iii) ¿Crees que ir con tu esencia puede favorecer el cambio?

<u>Materiales</u>: Aula cómoda, material impreso de la lectura.

<u>Preguntas y aspectos a considerar</u>: Para el proceso de innovación es necesario establecer un proceso de continua revisión en diferentes niveles, en lo individual, en el negocio, con los otros, con los

proveedores, con la competencia. etc., para no perder el rumbo. Esta actividad se puede intercalar dentro de la actividad 9.1 antes de elegir el cambio a utilizar en el modelo de Lewin y después continuar con las fuerzas impulsoras, facilitadoras y el resto de la actividad.

Tiempo: 20 minutos

9.4 Lo que se dice y se re-dice

Objetivo: Identificar y transformar creencias culturales que limitan la ejecución de cambios necesarios para innovar.

Descripción: Esta actividad trabaja con refranes y dichos populares como apoyo para reconocer que una de las razones que "congelan" el cambio y la innovación en las micro y pequeñas empresas pueden ser los supuestos que el mismo pensamiento desarrolla, a partir de lo que se dice culturalmente. Los participantes aprenden que las pautas que se reconocen, tienen posibilidad de recrearse. La habilidad que se desarrolla en la dimensión de ejecución y mejora es la acción o ejecución mediante la disposición al cambio. También favorece al proceso creativo, a combinar enfoques y a construir y destruir en la dimensión creativa y finalmente en la dimensión emocional permite valorar el error y la auto-observación.

Instrucciones:
1) Se comenta al grupo cómo muchos de los refranes con los que hemos crecido nos han dejado atados de manos (enfrascados) frente a situaciones de la vida diaria y se dan algunos ejemplos:
   • Nadie sabe lo que tiene, hasta que lo ve perdido.
   • Negocio de familia, nunca es negocio.
   • Camarón que se duerme, se lo lleva la corriente.
   • El que quiera azul celeste, que le cueste.
   • El que no tranza, no avanza.
   • Mucho ayuda, el que no estorba.

2) Se propone que todo lo que aprendemos siempre se puede reaprender y transformar las dificultades en facilidades. Se pueden dar ejemplos como lo siguientes –que se obtienen a partir de los talleres impartidos-:

- Nadie sabe lo que tiene... hasta que hace un buen inventario/ hasta que lo comparte.
- Negocio de familia…es semillero de ganancias infinitas.
- Camarón que se duerme… sueña con ser langosta.
- El que quiere azul celeste… que disfrute y no le cueste.
- El que no tranza…y comparte….logra lo que se propone.
- Mucho ayuda…el que se comunica y coopera.

3) Se organizan equipos de tres personas y se les entrega una lista de tres refranes para que cada equipo los transforme a positivo.

4) Se comparten los resultados en el grupo y se escriben en el pizarrón.

Material: Refranes impresos, pizarrón, plumones, hojas blancas

Preguntas y aspectos a considerar: Se hace la reflexión que se puede transformar lo negativo a positivo si cambiamos los "lentes" con que vemos. Se invita a reflexionar sobre, cómo se sintieron al renovar esos refranes. Se sugiere preguntar, ¿Se imaginan que pasaría si desde que nacemos aprendiéramos la versión transformada de los refranes populares? Reflexionar sobre estos supuestos del pensamiento permite identificar que a veces está en el pensamiento de cada uno el freno a las posibilidades de innovación individual y, por tanto, en la empresa.

Esta actividad se puede intercalar dentro de la actividad 9.1 después de detectar y escribir las fuerzas impulsoras y facilitadoras en el modelo de Lewin. Al terminar la actividad "Lo que se dice y se re-dice" se siguen los siguientes pasos:

1) Hacer un chequeo para identificar si las fuerzas obstaculizadoras vienen de algo que se dice a nivel cultural, o que viene de algún aprendizaje que ya no es útil en este momento.

2) Y se les pide a los participantes que renueven, en los casos viables, las fuerzas obstaculizadoras que habían detectado buscando un enfoque positivo.

Tiempo: 20 minutos para un grupo de 15 a 20 asistentes.

ANEXO A

Cálculo del IGHII

Los subíndices de variables y dimensiones, así como el IGHII se calculan como la suma de los productos del factor de ponderación de cada uno y el valor total de cada elemento de innovación considerado. En consecuencia, el IGHII a nivel individual se obtiene sumando el producto del peso relativo de cada dimensión y el valor del subíndice de esa dimensión. A su vez, cada dimensión se calcula al agregar el producto de la ponderación de cada variable y el valor del subíndice de esa variable. De igual forma, el subíndice a nivel variable se obtiene al multiplicar el peso relativo de cada variable por el valor de la respuesta dada por el entrevistado (evaluación relativa) y agregarlos en una sola cifra. Por último, el IGHII nacional se calcula como el promedio simple de los IGHIIs individuales. Formalmente, para el caso de las variables se tiene:

$$V_j = \sum_{i=1}^{n} \alpha_i A_i \qquad (1)$$

Donde, V_j es el subíndice de la j-ésima variable, αi es el factor de ponderación del i-ésimo aspecto, A_i es la evaluación relativa a partir de la respuesta dada por el entrevistado y n es el número total de aspectos en la variable j. A nivel dimensión, el subíndice se calcula como:

$$D_k = \sum_j^n \beta_j V_j$$

(2)

En donde Dk representa el subíndice de la k-ésima dimensión, βj la importancia relativa de la j-ésima variable, Vj el valor del subíndice de la variable j y n el número total de variables en esa dimensión j. Para el calcular el IGHII para el individuo l, se sigue:

$$IGHII_l = \sum_{k=1}^n \gamma_k D_k$$

(3)

Siendo *IGHIl* el índice general de habilidades de innovación del individuo l, γk la ponderación de la k-ésima dimensión, Dk el valor del subíndice de esa misma dimensión y n el número total de dimensiones en el IGHII. Finalmente, para el IGHII nacional se tiene la expresión:

$$IGHII = \frac{1}{N} \sum_{N=1}^N IGHII_l$$

(4)

Para la que *IGHIl* representa el índice de innovación del l-ésimo individuo. Se aprecia que el IGHII es un promedio simple a partir de los índices calculados para los individuos en la muestra.

Por ejemplo, el subíndice de la variable "combinar enfoques" se calcula al multiplicar el factor de ponderación del aspecto i ($\alpha i=0.33$) por el valor de la respuesta i dada por el individuo y, sumando todos los términos (dado que en este caso se compone de tres aspectos). El subíndice "creatividad" se obtiene de la misma manera. Esto es, sumando los productos del j-ésimo factor de ponderación ($\beta j=0.25$, puesto que son cuatro variables) y el valor del j-ésimo subíndice de cada variable. El IGHII para el l-ésimo individuo resulta de la suma de los productos del peso relativo de la k-ésima dimensión ($\gamma i=0.25$ al ser cuatro dimensiones) y el valor del subíndice de cada dimensión.

El rango del IGHII está entre 0 y 5. Un valor de cero representa la calificación más baja de la escala. Por el contrario, un cinco significa el mayor grado de desarrollo de las habilidades de innovación. Cabe señalar que, dado que se sigue un enfoque sistémico, los factores de ponderación son los mismos para cada aspecto al interior de cada variable, para cada variable al interior de cada dimensión y para cada dimensión en el IGHII.

ANEXO B

Cuestionario para el diagnóstico de habilidades de innovación

Cuestionario para el diagnóstico de las habilidades de innovación del individuo en las MIPES en México

Lea las siguientes declaraciones e indique qué tan de acuerdo está con cada una de ellas en una escala del 1 al 5, donde 1=totalmente en desacuerdo 2=desacuerdo 3=indiferente 4=de acuerdo 5=totalmente de acuerdo.

1.-	En mi entorno laboral práctico técnicas de creatividad (Por ejemplo, lluvia de ideas, combinación de enfoques, etc.)	
2.-	En mi trabajo comunico nuevas ideas y soluciones valiosas	
3.-	Pienso que mis ideas y aportaciones y las de los demás son útiles en el trabajo	
4.-	Intercambio ideas y opiniones con mis compañeros respecto al trabajo.	
5.-	Continuamente trabajo conectando ideas o temas con o sin relación aparente	
6.-	Habitualmente para despejar mi mente hago algo diferente.	
7.-	Me gusta intentar explorar nuevas técnicas	
8.-	En general, mi pensamiento es: "Si no está roto, no lo arregles"	
9.-	Habitualmente pienso en cómo mejorar la actividad en la que me desempeño	
10.-	Aplico más la lógica que la intuición a mis pensamientos y actividades.	
11.-	Casi siempre analizo diversos aspectos de un problema para encontrar diversas soluciones	
12.-	Considero que cualquier experiencia de vida y de trabajo positiva o no son aprendizajes útiles	
13.-	Normalmente hago varios intentos para lograr algo	
14.-	Generalmente cuando me enfrento a un riesgo , el miedo me limita	
15.-	Aun en situaciones inciertas, hago lo posible para lograr mis objetivos	
16.-	Me siento bien asumiendo más responsabilidades	
17.-	Cuando las situaciones son complicadas confío en que no es para siempre y sigo trabajando	
18.-	Cuando me enfrento a un reto importante la falta de experiencia paraliza mis acciones	
19.-	Regularmente comparto con otras personas diferentes aspectos de la vida	
20.-	Se me facilita ponerme en los zapatos de los demás.	
21.-	Comúnmente los demás me entienden cuando explico mis ideas	
22.-	Me siento satisfecho con la actividad principal que realizo en mi trabajo	
23.-	Considero importante cumplir totalmente con mis responsabilidades	
24.-	Frecuentemente visualizo cambios y sus consecuencias en el trabajo.	
25.-	Imagino y comparto con otros situaciones de largo plazo	
26.-	Antes de tomar una decisión observo posibles ventajas y desventajas	
27.-	Para lograr mis objetivos tomo en cuenta todos mis recursos	
28.-	Identifico con facilidad las metas a las que quiero llegar	
29.-	Reconozco los pasos a seguir para cumplir el objetivo	
30.-	Planeo mis actividades según el orden de importancia	
31.-	Pienso que las personas confían en mí y en mis decisiones	
32.-	Me gusta platicar y motivar a los demás para lograr objetivos	
33.-	Tengo habilidades para que funcionen los equipos de trabajo en los que participo.	
34.-	Llevo a la práctica mis ideas	
35.-	Necesito practicar mis ideas para mejorarlas	
36.-	Acostumbro hacer pruebas para evaluar los resultados de mis ideas	
37.-	Tengo la capacidad de llevar a cabo las ideas de forma ordenada	
38.-	Asigno tareas a los demás para lograr los objetivos.	
39.-	Reviso de diversas formas si mis acciones tuvieron éxito	
40.-	Para mejorar, suelo revisar los resultados de las acciones realizadas.	

ANEXO C

Ejemplos didácticos de las técnicas

C.1. Proyecto Globo

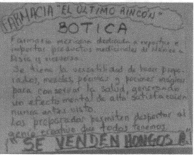

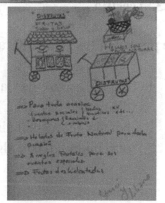

En las imágenes se muestran ejemplos de algunos casos de los productos resultantes del proyecto globo. En ellos se aprecian los resultados de combinar enfoques, por ejemplo el giro Farmacia y la palabra Asía que dio como resultado una Botica Oriental, o el giro Frutería y la palabra Carro que resulto en una Frutería gourmet móvil para eventos sociales.

C.2. El símbolo

En la imagen se aprecian los símbolos resultantes de la técnica del símbolo, en ellos se plasma la idea del asistente acerca de la innovación en su negocio.

C.3. Acertijo

Se proponen los siguientes acertijos:*

1) En el centro de la mesa, sobre un mantel de 30 cm. De diámetro, hay una botella de vino abierta. ¿Cómo quitar la botella del mantel sin derramar el vino y sin tocarla con ningún otro objeto ni con alguna parte del cuerpo?

---

* Los acertijos 1 al 3 fueron tomados de Rodríguez (2012) y el número 4 de Bucay (2013).

Respuesta: Se va enrollando el mantel por un extremo y con él se empuja muy lentamente la botella a un lado de su base.

2) Estas de pie sobre un piso de mármol. Cómo dejas caer a un metro, un huevo crudo sin que se le rompa la cáscara?

Respuesta: Lo sueltas desde una altura de dos metros. El primer metro cae sin romperse.

3) Una dama es vendada. De inmediato un varón cuelga el sombrero de ella. La hace caminar cincuenta metros así, vendada, y dar dos vueltas sobre si misma. La obliga a disparar con un rifle hacia dicho sombrero, siempre vendada. Ella lo hace y perfora el sombrero exactamente en la mitad. ¿Cómo pudo hacer eso?

Respuesta: El sombrero de la dama fue colgado en el rifle

4) Marco Antonio y Cleopatra están tendidos en el suelo, muertos. Sus cuerpos no muestran señal de violencia alguna. Un charco de agua los rodea y hay pequeños trozos de vidrio a su alrededor. Un gato merodea por la habitación. ¿Cómo murieron Marco Antonio y Cleopatra?

Respuesta: Marco Antonio y Cleopatra eran peces, que cayeron cuando el gato paso junto a la pecera.

C.4. El Regalo

En este ejemplo se observan los rotafolios de las empresas, en el que cada asistente "regaló" una idea de mejora o innovación, imaginandose como clientes potenciales o colaboradores del negocio. Además algunos sistentes decidieron regalar palabras de motivacion.

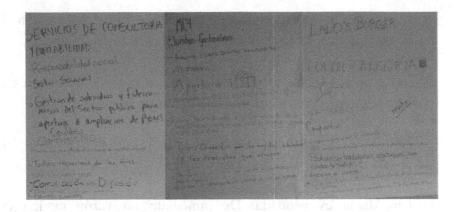

C.5. ¿Cuando estoy en los zapatos de…?

La habilidad em ocional es controlar ciertas cos as que no s e deben tom ar m ucho en cuenta al actuar. Tener el control de nues tras em ociones para no m andar todo por un tubo. Al controlar nues tras em ociones pas am os al plano de la creatividad ya con una m ayor tranquilidad. Si m e s iento contento puedo innovar o crear. Pero s i es toy en una s ituación deprim ente, crítica, pres ionado por la s ituación económ ica, s ocial o fam iliar es o no m e va a perm itir innovar, crear, hacer publicidad de m i em pres a, prim ero tener el control de m í, para des pués tener el control de una em pres a.	No, porque hay que s eparar el s entim iento pers onal, para no echar a perder el trabajo.
Mm m m . Fíjes e que s í, cuando una pers ona tiene la em oción, la em otividad, que quiere s u trabajo, s e vuelve un pers onaje pero m uy indis pens able, ¿verdad? Yo tengo m ucha experiencia porque yo trabajé en México con Olivetti m exicana, era una fábrica que ya no es tá. Tenía en toda la República. Viajábam os por toda la República, era m uy interes ante tratar con m uchas pers onas . Veníam os a ver a los gerentes , a los vendedores , íbam os a vis itar clientes . Allá cuando es tábam os jóvenes . Yo ahorita tengo 65 años , le es toy hablando de hace 20 años .	Las em ociones no s on habilidad.

Sí, es directam ente con la creatividad que s e tiene, el es tado de ánim o que s e tenga. Si pintas un cuadro trans m ites , es tá totalm ente ligado. Mi ideal para trabajar es es tar contento, tranquilo y energía pos itiva y obviam ente no s iem pre s e puede. Se trans m ite s iem pre una im agen, cóm o te s ientes , lo que s abes , y con ello puedes atraer al cliente o alejarlo.	Si , s i exis te relación, no lo debes expres ar, a nos otros nos han ens eñado a que s i es tam os enojados no m os tram os la cara y otro atiende
Si, porque al m enos nos otros s entim os cuando la gente viene con m ala vibra, y es o nos puede afectar. Yo trato de m antenerm e al m argen, de lo que la pers ona s iente, s i no m e voy a contagiar, pintar m i raya y decir has ta aquí llega lo m ío.	No, fíjate, no debería, no debería de influir por que una cos a es tu es tado em ocional y otra cos a es tu trabajo. Trabajas tienes que com er, no trabajas no com es , no tendría que influir en m uchos influye y m e incluyo, en m uchos nos influye el es tado em ocional dentro del ám bito laboral.
Bueno s e s iente una em oción, s e es tá creando s e es tá haciendo una convers ión, es interes ante llevarlo a cabo, de una m anera en la cual aprovechas tus recurs os interiores que tenem os para m os trarlos para interiorizarlos , es m uy valios os as í com o habla la alquim ia de convertir los m etales inferiores en s uperiores , convertir el plom o en oro s ería una realidad m aravillos a s acar de uno s u propio tes oro que tenem os en el interior y m os trarlo a los dem ás	Yo creo que no. Porque independientem ente de lo que s ientas en el m om ento, en el trabajo para poder s acar un dis eño o idea nueva pues realm ente no, no tiene relevancia.
Si. Para actualizars e tienes que tener m otivación, ¿qué no?. Los de aquí no van para la cas a, ni los de la cas a, vienen para acá. Porque s i no, todo el tiem po vas a andar en broncas en todos lados , ¿verdad?. Cuando uno s ale, cierra la puerta y ahí s e quedan, luego que vuelvas tratam os de res olverlos . Se quedan para des pués . Todo tiene s olución de alguna form a, m enos la m uerte.	No, no creo que s e im portante, no podem os es tar m al porque cuando es toy tris te o pens ativo trato de dis traerm e con la PC o des pejars e uno de es tar pens ando en algo. De nos otros dependen dos nietecitos por es o m ás que nada es tam os aquí por ellos . Y para uno no es tar pens ando s e m ete uno a es tar chateando al Facebook y todo es o para poder hacer bien el trabajo.

131

Si, s i exis te. Si tu andas con un buen es tado de ánim o, s i andas s intiéndote bien em ocionalm ente, s i andas con una s onris a o s im patía y con una am abilidad pues ayuda. Porque es m uy difícil tratar con ellos . Y s i tu carácter no es tá en es e m om ento, pues s e va el cliente. As í que hay que tratar dejar los problem as afuera y entregars e al cliente.	Depende. Si tú s abes des pers onalizar la s ituación, en cuanto a que s eparas tú trabajo y tus s ituaciones pers onales entonces no afecta, pero s i no lo haces no avanzas .
Si creo que las em ociones es tán relacionadas , es tán enlazados con la creatividad, porque una em oción te lleva, por ejem plo en m i cas o a veces que veo que los hués pedes s on com o que es peciales o que s e enojan por algo que pas o entonces a m í tam bién m e hacen s entir s us neces idad, entonces de ahí s urge m i neces idad por innovar o por crear algo.	Si, porque es tá com probado que una pers ona con una es tabilidad em ocional rinde m ás y puede utilizar m ás energía al utilizar nuevos proces os .
Si, porque todo tiene que ver, la habilidad que tenem os , algo que nos gus ta lo hacem os porque nues tra habilidad s e nos da, porque s i no hubiera es a habilidad tendría que es tar unidas es as dos partes . Y te debe de gus tar algo que haces . Cada pers ona tiene una habilidad diferente, te tiene que gus tar. Yo hago algo porque m e gus tar, y tengo la habilidad para hacerlo, no a todos s e les da, cada quien trae un don para hacer algo.	Si, porque s i uno llega m oles to, de m al hum or, puedes pas ar es o al cliente, le es taríam os dando un m al as pecto de nues tro trabajo.
Sí, yo creo que s í hay una relación, porque s i m is em ociones no es tán m uy bien, que yo tenga algún problem a, que venga tris te o que tenga algún detalle, es o s e va a ver reflejado a la hora de proyectar algo no s olo en la im agen pers onal s ino tam bién por ejem plo; s i a m í m e es tá tocando realizar alguna publicidad o algo pues ahí a lo m ejor s e va a ver.	Bas tante, s i uno no es tá m otivado en cues tiones del trabajo, el trabajo s e detiene, uno tiene que es tar activo, todo s e viene conjuntando en una s ola cos a, s i uno es tá en m al tiene m ala atención al público, todo es o nos cuenta m ucho,

Se puede reflejar m i tris teza con colores gris es , o s ea m i es tado de ánim o s e puede ver ahí reflejado, por es o es im portante que haya una em patía y es tar tratando de es tar bien para que es o tam bién s e refleje, no s olo en la im agen de nos otros , o el los productos , s ino en la im agen de la atención al cliente.	nos repercute, m ás en es te s is tem a que la gente va a la deriva, nos otros tenem os que s uavizar al público porque luego vienen clientes m uy acelerados y a veces s i nos m alinterpretan, por es o debem os es tar activos .
Claro ,s i uno no es ta bien en ciertos as pectos la creatividad no fluye es un atorón, a veces es m as im portante la habilidad em ocional que la creatividad, prim ero es la habilidad em ocional y luego la creatividad, con el bienes tar viene lo dem ás	Claro, porque s i eres hábil em ocionalm ente tam bién puedes tener m ás im aginación para tener incentivas tú m is m o, una pers ona que no es hábil y no tiene em ociones com o puede s er creativa.

C.6. Al *Riescate*

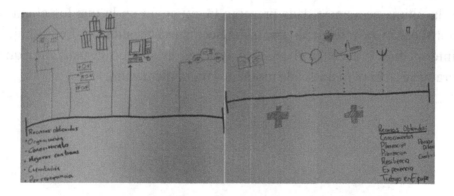

En las imágenes presentadas se observan ejemplos del ejercicio Al *Riescate*, en ellas se aprecia la manera en que los asistentes representan aquellas experiencias en las que al afrontar riesgos o innovar obtuvieron recursos disponibles para la próxima innovación. En uno de los ejemplos el asistente marco con cruces aquellas experiencias de las cuales siente que aún falta algo por aprender o solucionar pero que ya están siendo trabajadas. Además en la parte inferior de cada imagen se observa un listado de los recursos que los asistentes rescataron metafóricamente.

C.7. Historias y Secuencias

En los ejemplos arriba presentados las secuencias comienzan con un negocio apenas abierto pero con poca demanda. La secuencia siguiente es la instalación de alguna tecnología que haga más eficaz la operación y la última secuencia dada presenta la situación en la que los clientes aprovechan la eficiencia para satisfacer sus necesidades. Los dibujos intermedios presentan el proceso que los asistentes visualizaron que era necesario para que cada momento fuera alcanzado.

C.8. Sombreros

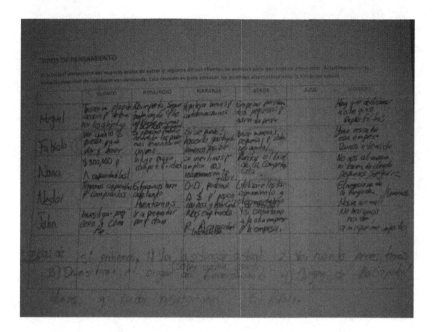

En este ejemplo, ante el planteamiento de una situación que enfrenta la empresa, la persona "Nanci" siguiendo un pensamiento creativo –color verde- propone rentar el local de la competencia; mientras que "Miguel" sugiere como alternativa empezar por clientes pequeños para no entor pecer las actividades. Cuando se sigue un enfoque objetivo y de hechos concretos –color blanco- "Nanci" considera la opción de invertir una determinada cantidad para incrementar las capacidades de la empresa. "Miguel", por su parte, considera la importancia de trazar un plan de acción para determinar los objetivos. Al final, en términos generales, este equipo propone cinco pasos a seguir como solución a la situación planteada.

BIBLIOGRAFÍA

Aktouf, O., (2009), *La administración, entre la tradición y renovación*, Universidad del Valle, Cali.

Álvarez, J., (2011), *Cómo hacer investigación cualitativa. Fundamentos y metodología*, Paidós, México.

Amabile, T., (1983), *Creativity in context: Update to "the social psychology of creativity"*, Westview Press, Boulder.

Amabile, T., (1988), "From individual creativity to organizational innovation", en Cronhaug, K. y Kaufman, G. (Eds.), *Achivement and motivation: A social developmental perspective*, Cambridge University Press, Nueva York.

Amabile, T., Conti, R., Coon, H., Lazenby, J., y Herron, M., (1996), "Assessing the work environment for creativity", *Academy of Management Journal*, 39, 1154-1184.

Anderson, N., Carsten, K., y Nijstad, B., (2004), "The routinization of innovation research: A constructively critical review of the state-of-the-science", *Journal of Organizational Behavior*, 25, 147-173.

Bandler, R. y Grinder, J., (2002), *La estructura de la magia*, Cuatro Vientos, Santiago de Chile.

Bateson, G., (1990), *Espíritu y naturaleza: Una unidad necesaria. Avances en teoría de sistemas, complejidad y ciencias humanas*, Amorrortú, Barcelona.

Bautista, N., (2011), *Proceso de la investigación cualitativa. Epistemología, metodología y aplicaciones*, Manual Moderno, Bogotá.

Bertalanffy, L., (1950), "The theory of open systems in physics and biology", *Science*, 111, 23-29.

Betancourt, J., (2008), *Atmósferas creativas 2: Rompiendo candados mentales*, Manual Moderno, México.

Bharadway, S. y Menon, A., (2000), "Making innovation happen in organizations: Individual creativity mechanisms, organizational creativity mechanisms or both?", *Journal of Product Innovation Management*, 17(6), 424-434.

Boisier, S., (1999), "El desarrollo territorial a partir de la construcción de capital sinergético", *Estudos Urbanos e Regionais*, 2, 39-53.

Bontis, N., (1999), "Managing organizational knowledge by diagnosing intelectual capital: Framind ang advancing the state of the field", *International Journal of the Technology Management*, 18(5-8), 433-462.

Bragdon, A. y Fellows, L., (2013), *Ejercicios para todo el cerebro*, Grupo Editorial Tomo, México.

Braidot, N., (2008), *Neuromanagement. Como utilizer a pleno el cerebro en la conducción exitosa de las organizaciones*, Granica, Buenos Aires.

Brosnan, S., (2013), *Behavioral limits on innovation*, Department of Psychology, Social Science Research Network Papers.

Bucay, D., (2013), *Mirar de nuevo: Enfoques y estrategias para afrontar conflictos*, Océano exprés, México, DF.

Cañeque, H., (2008), *Alta Creatividad. Guía teórica-práctica para producir la innovación y el cambio*, Prentice Hall, México.

Carayiannis, E. y González, E., (2003), "Creativity + Innovation = Competitiveness? When, how and why", en Shavinina, L., (Ed.), *The international handbook of innovation*, Elsevier Science, Amsterdam.

Caruso, D. y Salovey, P., (2004), *The emotionally intelligent manager: How to develop and use the four key emotional skills of leadership*, Jossey-Bass, San Francisco.

Castillo, A., (1999), *Estado del arte en la enseñanza del emprendimiento*, Programa emprendedores como creadores de riqueza y desarrollo regional, INTEC Chile.

Chodrow, J., (2006), "Active imagination", en Papadopoulos, R., (Ed.), *The Handbook of Jungian Psychology*, Routledge, Londres.

Cohen, G. (2000), *The creativity age. Aweaking human potential in the second half of life*, Quill, Nueva York.

Cooper, R., (1997), "Applying emotional intelligence in the workplace", *Training and Development*, 51(12), 31-8.

Corma, F., (2011), *Innovación, Innovadores y Empresa Innovadora*, Diez de Santos, Madrid. Csikszentmihalyi, M., (1998), *Creatividad. El fluir y la psicología del descubrimiento y la invención*, Paidós, Barcelona.

Cummings, T. y Worley, C., (2009), *Desarrollo organizacional y cambio*, Cengage Learning, México.

Davidsson, P. y Honig, B., (2003), "The role of social and human capital among nascent entrepreneurs", *Journal of Business Venturing*, 18(3), 301-331.

Drucker, P., (1988), "The coming of the new organization", *Harvard Business Review on Knowledge Management*, 1, 1-19.

Drucker, P., (1998), *Peter Drucker on the profession of management*, Harvard Business Review Book, Cambridge.

Drucker, P., (2002), *La gerencia en la sociedad futura*, Grupo Editorial Norma, Bogotá.

Eagly, A. y Chaiken, S., (1993), "The psychology of attitudes", *Psychology and Marketing*, 12(5), 459-466.

Edvinsson L. y Malone M., (1997), *Intellectual capital: The proven way to establish your company's real value by measuring its hidden brainpower*, Piatkus, Londres.

Edvinsson, L. y Stenfelt, C., (1999), "Intellectual capital of nations – for future wealth creation", *Journal of Human Resource Casting and Accounting*, 4(1), 21.33.

Farr, J. y Ford, C., (1990), "Individual innovation", en West, M. y Farr, J. (Eds.), *Innovation and creativity at work*, John Wiley and Sons, Inglaterra.

Farr, J., Sin, H., y Tesluk, P., (2003), "Knowledge management processes and work group innovation", en Shavinina, V. (Ed.), *The international handbook on innovation*, Elsevier Science, Nueva York.

Ferrari, A., Cachia, R. y Punie, Y., (2009), *Innovation and creativity in education and training in the EU member states: Fostering creative learning and supporting innovative teaching*, Luxembourg Office for Official Publications of the European Communities, Luxemburgo.

Fong, C, (2006), "The effects of emotional ambivalence on creativity", *Academy of Management Journal*, 49(1), 1016-1030.

Formichella, L., (2004), *El concepto de emprendimiento y su relación con la educación, el empleo y el desarrollo local*, Instituto Nacional de Tecnología Agropecuaria, Buenos Aires.

Fredrickson, B., (2001), "The role of positive emotions in positive psychology: The broaden- and-build theory of positive emotions", *American Psychologist*, 56, 218-226.

Freeman, C. y Soete, L., (1997), *The economics of industrial innovation*, Routledge, Londres.

Goleman, D., (1996), *Emotional Ingelligence: Why it can matter more tan IQ*, Bloomsbury, New York.

González, J., Cerón, C. y Alcazar, F., (2010), "Caracterización emprendedora de los empresarios en los Valles de Tundama y Sugamuxi, Bocoyá, Colombia", *Pensamiento y Gestión*, 29, 163-189.

Hammond, M., Neff, N., Farr, J., Schwall, A. y Zhao, X., (2011), "Predictors of individual level innovation at work: A meta-analysis", *The Psychology of Aesthetics, Creativity, and the Arts*, 5(1), 90-105.

Hanus, D., Mendes, N., Tennie, C. y Call, J., (2011), "Comparing the performances of apes (gorilla gorilla, pan troglodytes, pongo pygmaeus) and human children (homo sapiens) in the floating peanut task", *Plos one*, 6(6), e19555.

Herrscher, E., (2008), *Planteamiento sistémico*, Granica, Buenos Aires.

Hopper, L., Schapiro, S., Lambeth, S. y Brosnan, S., (2011), "Chimpanzees′socially maintained food preferences indicate both conservartism and conformity", *Animal Behaviour*, 81(6), 1195-1202.

Isaksen, S. y Tidd, J., (2006), *Meeting the innovation challenge: Leadership for transformation and growth*, Wiley Press.

Jones, G., (2013), *Teoría organizacional. Diseño y cambio en las organizaciones*, Pearson, México.

Jung, C., (1912/1967), *Symbols of transformation*, Princeton University Press, New Jersey. Jung, M., Collier, A. y Kounios, J., (2008), "How insight happens: Learning from the Brain", *NeuroLeadership Journal*, 1, 20-25.

Jurczak, J., (2008), "Intellectual capital measurement methods", *Institute of organization and management in industry*, 1(1), 37-45.

Kanter, R., (1988), "When a thousand flowers bloom: Structural, collective and social conditions for innovation in organizations", en Straw, B. y Cummings, L. (Eds.), *Research in Organizational Behavior*, 10, 123-167.

King, N., (1990), "Innovation at work: The research literature", en West, M. y Farr, J. (Eds.), *Innovation and creativity at work: Psychological and organizational strategies*, Wiley Press, Chichester.

Klein, K. y Sorra, J., (1996), "The challenge of innovation implementation", *Academy of Management Review*, 21, 1055-1080.

Klein, K. y Knight, A., (2005), "Innovation implementation: Overcoming the challenge", *Current Directions in Psychological Science*, 14(5), 243-246.

Klymchuk, S., (2008), *Acertijos con dinero. Desarrollo del razonamiento matemático y pensamiento lateral,* Trillas, México.

Lederman, D., Messina, J., Pienknagura, S. y Rigolini, J., (2014), *El emprendimiento en América Latina. Muchas empresas y poca innovación,* Banco Mundial, Washington, D.C.

Madjar, N., Oldham, G. y Pratt, M., (2002), "There's no place like home? The contributions of work and nonwork creativity support to employees´ creative performance", *Academy of Management Journal,* 45, 757-767.

Markman, G. y Baron, R., (2003), "Person-entrepreneurship fit: Why some people are more successful as entrepreneurs than others", *Human Resource Management Review,* 13(1), 281-301.

Marshall, S. y Whiten, A., (2008), "Chimpanzees (pan troglodytes) and the question of cumulative culture: An experimental approach", *Animal Cognition,* 11, 449-456.

McLaughlin, G. y Caraballo, V., (2012), *Annual innovation survey,* International Association of Outsourcing Professionals (IAOP).

Meritum (2002), *Guidelines for managing and reporting intangibles (intellectual capital statements),* Vodafone Foundation, Madrid.

Miller, D., (1996), "A preliminary typology of organizational learning: Synthesizing the literature", *Journal of Management,* 22, 485–505.

Moncayo, P., (2008), "Emprendimiento: Un concepto que integra el ser y el hacer del sujeto", *Management, 17*(29), 33-48.

Mueller, J., Melwani, S. y Goncalo, J., (2012), *"The bias against creativity: Why people desire but reject creative ideas",* Psychological *Science,* 23(1), 13-17.

Munassar, F., Ghanim, A. y Ahmad, A., (2013), "Change management and its contribution to the success of IT project implementation", *International Journal of Information and Communication Technology Research*, 3(4), 134-140.

Muñoz, J., Quintero, J. y Munévar, R., (2002), "Experiencias en investigación–acción– reflexión con educadores en proceso de formación", *Revista Electrónica de Investigación Educativa*, 4(1), 1-15.

Muñoz, R., (2010), *Coaching creativo*, Panorama, México.

Nisbet, A. y Gick, M., (2008), "Can health psychology help the planet? Applying theory and models of health behavior to environmental actions". *Canadian Psychology*, 49(1), 206-303.

OCDE/Eurostat (2005),*Oslo Manual: Guidelines for Collecting and Interpreting Innovation Data, 3rd Edition*, The Measurement of Scientific and Technological Activities, OECD Publishing, doi: 10.1787/9789264013100-en.

OCDE, (2005), "Towards better structural business and SME statistics", SBS Expert Meeting, *Meeting Document 6.1*, Organización para la Cooperación y Desarrollo Económicos.

Padua, J. (Coord.), (1994), *Técnicas de la investigación aplicadas a las ciencias sociales*, Fondo de Cultura Económica, México.

Patterson, F., (2008), "Great minds don't think alike? Person-level predictors of innovation at work", en Cooper, C. y Robertson, I. (Eds.), *International Review of Industrial and Organizational Psychology*, 17, John Wiley & Sons Ltd, West Sussex.

Pérez, M., (2007), *Fundamentos en la dirección de la empresa familiar. Emprendedor, empresa y familia*, Paraninfo, Madrid.

Ponti, F. y Ferrás, X., (2006), *Pasión por Innovar*, Granica, Buenos Aires.

Ponti, F. y Ferrás, X., (2008), *Pasión por innovar. Un modelo novedoso que incentiva la creatividad empresarial*, Grupo Editorial Norma, Bogotá.

Price, D., Stoica, M. y Boncella, R., (2013), "The relationship between innovation, knowledge, and performance in family and non-family firms: An analysis of SMEs", *Journal of Innovation and Entrepreneurship*, 2(14), 74-98.

Rodríguez, M., (2012), *Manual de Creatividad. Los procesos psíquicos y el desarrollo,* Trillas, México.

Richman, L., (2006), *Improving your Project management skills*, American Management Association, Nueva York.

Rugman, A. y Hodgetts, R., (2001), "The end of global strategy", *European Management Journal*, 19(4), 332-344.

Watzlawick, P., Weakland, J. y Fisch, R. (1992), *Cambio. Formación y solución a los problemas humanos*, Herder Editorial, Barcelona.

Zepeda, F., (1999), *Psicología organizacional.* Addison Westey Longman, México, D.F.

Sánchez, P., (2007), "Medición y difusión del capital intelectual en las pequeñas y medianas empresas: Un camino para incrementar la I+D. Recomendaciones de la Unión Europea", *I+D y Competitividad*.

Sánchez, A., Melián, A. y Hormiga, E., (2007), "El concepto de capital intelectual y sus dimensiones", *Investigaciones Europeas de Dirección y Economía de la Empresa*, 13(2), 97-111.

Schnarch, A., (2007), "Creatividad, innovación y entrepreneurship", *Revista Recrearte*, 7. Schumpeter, J., (1976), *Teoría del desenvolvimiento económico*, Fondo de Cultura Económica, México, D.F.

Scott, S. y Bruce, R., (1994), "Determinants of innovative behavior: A path model of individual innovation in the workplace", *The Academy of Management Journal*, 37(3), 580-607.

Senge, P., (2004), *La quinta disciplina. El arte y la práctica de la organización abierta al aprendizaje*, Granica, Buenos Aires.

Shane, S. y Venkataraman, S., (2000), "The promise of entrepreneurship as a field of research", *The Academy of Management Review*, 25(1), 217–226.

Shane, S., Locke, E., y Collins, C., (2003), "Entrepreneurial motivation", *Human Resource Management Review*, 13(2), 257–280.

Silva, J., (2013), *Emprendedor. Hacia un emprendimiento sostenible*, AlfaOmega, México, D.F.

Spence, W., (1995), *Innovations: The communication of change ideas, practices and products*, Chapman y Hall, Londres.

Sultana, N. y Rahman, M., (2012), "Innovative leadership (people)", *The Jahangimagar Journal of Business Studies*, 2(1), 76-94.

Swoyambhu, M., (2012), "Innovation: Key factor to increasing competitiveness of small and medium enterprises", International Conference on Technology and Innovation Management, October, Kathmandu, Nepal.

Velásquez, A., (2007),"La organización, el sistema y su dinámica: Una revisión desde Niklas Luhman", *Revista EAN*, 61, 129-156.

Van de Ven, A., (1986), "Central problems in the management of innovation", *Management Science*, 32(5), 590-607.

Van de Ven, A., Polley, D., Garud, R. y Venkataraman, S., (1999), *The Innovation Journey*, Oxford University Press, Nueva York.

Van Gigch, J., (2006), *Teoría general de sistemas*, Trillas, México.

Varela, R., (2013), *Innovación empresarial. Arte y ciencia en la creación de empresas*, Pearson, Bogota.

Vera, M. y Mora, E., (2011), "Líneas de investigación en micro, pequeñas y medianas empresas. Revisión documental y desarrollo en Colombia", *Tendencias*, 12(1), 213-226.

Vernon, P., (1989), "The nature-nurture problem in creativity", en Glover, A., Ronning, R. y Reynolds, C., (Eds.), *Handbook of creativity: Perspectives on individual differences*, Plenum Press, Nueva York.

Yrigoyen, J., (2013), "Explorando distintos tipos e innovación en micro y pequeñas empresas peruanas", *Journal of Technology Management and Innovation*, 8, 72-82.

Wei, L. y Lou, C., (2005), "Market orientation HRM importance and competency. Determinants of strategic HRM in Chinese firms", *International Journal of Human Resource Management*, 16(10), 1901-1918.

Zepeda, F., (1999), *Psicología Organizacional*, Addison Wesley Longman, México.

Printed in the United States
By Bookmasters